介護3.0

介護クリエーター
横木淳平

内外出版社

介護とはオムツ交換が当たり前ではない

介護とは機械で入浴させることではない

介護とは食事を制限することではない

介護とは安全に寝かせておくことではない

介護とは不自由な腕の代わりになることではない

介護とは生活を監視することではない

介護とは自由を奪うことではない

介護とは何かをあきらめさせるものではない

介護とは社会から隔離させることではない

介護とは自己犠牲のもとの奉仕ではない

介護とは制度やルールに縛られるものではない

STAY GOLD with each color

一人ひとりがそれぞれの色で輝き続ける世界へ…

はじめに　―「介護3・0」の時代へ―

「目の前の○○○○を輝かせて、自分も輝く」

突然ですが、○○○○に入る言葉は何だと思いますか。
僕の職業の本来の在り方です。

僕の職業は「介護」です。

2020年版『高齢社会白書』によると、日本の総人口は2019年10月1日現在で1億2617万人。高齢化は加速し65歳以上人口は3589万人に達し、高齢化率は28・4%。
2025年には人口のボリュームゾーンである『団塊の世代』が全て75歳以上となり、国民の4人に1人が後期高齢者となる計算です。

将来的には2人の就業人で1人の高齢者を支えることになります。
数字上では、お先真っ暗、問題に満ちた業界です。

一般的な介護のイメージは、体の不自由な認知症のお年寄りを〝**お世話する**〟とか〝**面倒を見る**〟ではないでしょうか。

「キツい」「汚い」「危険」「給料が安い」のいわゆる「4K」です。

被介護者のイメージも「寝たきり」「認知症」「閉じ込められている」といったところです。

これら介護業界の現況、負のイメージは、実は本質的な捉え方の誤りから始まっています。その間違った本質こそが、「お世話」「面倒を見る」なのです。

僕は、介護には2種類あると思っています。
自分の親または配偶者、子どもを介護する「**無償の介護**」。
介護を職業としてお金をもらって行う「**プロの介護**」。
僕たちプロの介護士は、お年寄りの余生、暮らし、命を支えることを生業としています。

そんな僕たちの仕事が、本当に「お世話の介護」でいいのでしょうか。

オムツ交換をしてドロドロの介護食を食べさせて、認知症の人の生活を制御して一日の大半を寝かせておく介護でいいのでしょうか。


僕は20歳から介護業界に入り、25歳で現場リーダー、31歳で栃木県下野市の介護付有料老人ホームの施設長に就きました。

現在は起業し、日本初の介護クリエーターとして全国を舞台に介護施設立ち上げや運営のアドバイス、講演活動などをしています。

しかし、この仕事を始めた時は疑問しかありませんでした。


閉鎖的で無機質な生活感のない施設。

皆同じ時間に起きてご飯を食べて、満腹でも3時におやつと水分補給。

歌遊びをして、定刻に昼寝という名のオムツ交換タイム。

家族が無償でする介護の延長を、僕たちプロが有償でやる意義があるのだろうか。

寝たきり老人を寝かせておくことにプロとしてのやりがい、楽しみがあるのだろうか。

――あるわけがない。

老いという人生の終着点に向けて、できないことを補って現状を維持する、いわゆる**「お世話をする介護」=介護1・0**。

テクノロジーや外国人雇用で介護者の人手不足、負担軽減を図る**「問題を対策する介護」=介護2・0**。

これら既存の介護システムは「お年寄り」「認知症」「お世話しなくちゃ」「面倒見なくちゃ」など〝厄介〟が前提で、個人が見えなくなっています。

そんな既存の介護システムに魅力があるのだろうか。

――いや、あるわけがない。

だから僕は、介護のプロの定義を新たに作ることにしました。

国や制度にだけ任せるのではなく、介護のプロである僕たち自身で変えていくしかない。胸を張って「プロです」、大声で「介護はやりがいしかない」と叫べるように。

今、ここから、一から僕たちの仕事を作っていこう。

皆さん、最高にワクワクする介護をやりたくないですか。


「目の前のお年寄りを輝かせて、自分も輝く」


そう、それこそが本来の僕の職業「介護」のあるべき姿です。

僕の掲げる、**ニュースタンダード「介護3・0」**です。


介護3・0の軸は「捉え方」です。

「本質」を見つめ直すことが全ての始まりです。

例えば、右手が動かない人がいます。

今までの福祉や介護は「私たちが動かない右手の代わりになります」というイメージですが、介護3・0の考え方は、真逆です。

左手の可能性を伸ばして、右手が動かなくても何も諦めなくていいようにします。

そのきっかけを作るのが介護3・0です。

認知症も「問題行動」と捉えるのではなく「個性」と捉え、「なんでその行動をとったのか」という根本的な要因、本質に着眼し、掘り下げて行動に移す。

それが介護３・０です。

自分がお年寄りだとして、目の前の介護士が「治療」「疾患」「認知症」と捉える人なのか、「生活」「個性」「長所」「可能性」と捉える人なのかによって、その人の生活は１８０度変わります。

介護３・０は、その人らしい当たり前の生活を取り戻すためのきっかけづくり。実践するための本質的なソフトです。
僕たちはその**圧倒的、絶対的ソフトの実践者**であり、その人がやりたいこと（夢）を叶えるプロなんです。

こんな仕事が他にありますか。

老いとは諦めではなく、もう一度自分らしく輝くこと。

生き抜くとは最期に本当にやりたい夢を叶えること。

そのために僕たちプロがいる。

介護3・0がニュースタンダードとして、一人でも多くの人が本質的捉え方に立ち返るきっかけになってほしい。

本書がその第一歩です。


ここには、僕がこれまでの実践に基づいたことしか書いていません。

僕が介護と本気で向き合った激闘の記録です。

「捉え方」を軸に、誰でも今日から真似できるロールモデルが詰まっています。読み終わった時、今までの介護のイメージが180度変わります。

介護は「カッコイイ」「お年寄りは輝いている」「こんな仕事ならやりたい」と——。

そう、「目の前のお年寄りを輝かせて、自分も輝く」です。


人と人が向き合う上での圧倒的な本質論。

それが捉え方を軸にした「介護3・0」です。

僕が100人のお年寄りを看取らせていただいた経験からつかんだ「本質に立ち返り、本質で捉えた介護」です。

現状の介護の〝当たり前〟を疑い、介護、個人を本質から見直し、そして介護の在り方自体も変え、机上にとどまらない実践できる「圧倒的ソフトを創る」本質論。

それが本書で語る介護3・0です。

著者

目次

はじめに　―「介護3・0」の時代へ―　2

第1章　今の介護で本当にいいのか　19
なぜ、介護3・0が必要なのか

僕が本気になった瞬間　～人間じゃねぇ～　20
介護の本質は〝代行〟であってはならない　24
〝寝かされきり老人〟で本当にいいのか　28
介護施設は治療ではなく、「生活」　30

集団ではなく個人を見る 32
「諦め」ではなく一緒に挑戦する介護 34
介護職員は〝人材〟ではなく〝人財〟 36
コラム〔介護3・0〕僕の気持ちを伝えたい 38

第2章 介護のニュースタンダード
介護3・0の本質とは何か 41
現状の介護はゴールじゃない 42
お年寄りの個性に寄り添い、夢を叶える 44
生きがい、居場所を一緒に作る 48

目次

介護のニュースタンダードを世界へ 55
「その人らしさ」に目を向けた介護 58
与える側で生きていく大切さ 64
瞬発力と行動力が求められている 71
お年寄りが輝けば、僕たちプロも輝く 76
コラム（介護3・0）ありがとう、ザッキー 80

第3章 従来の介護を捉えなおす 83
介護3・0が目指す究極のケアとは

「体位交換」から「自立支援」を目指す 84

プライドを守り、オムツ着用ゼロへ 90
保清だけではない、お風呂は癒やし 94
治療からコミュニケーションのご飯へ 99
認知症は、問題行動ではなく「個性」と捉える 105
個別のニーズを軸に目的に目を向ける 109

第4章　介護は生活に寄り添う 115
介護3・0の自分らしい生活

与える側でい続けられ、居場所のある生活 116
give&give、信頼関係のある生活 122

目次

お年寄りを主語にした、元気になる生活 126
最期までその人らしい生活（ターミナルケア） 134
コラム（介護3・0）「余白」の可能性 142

第5章 介護のプロの在り方 145
介護3・0の捉え方で実践する

従来の考え方をやめて、創意工夫する 146
「介護用語」を捨てて、生きた言葉を使う 150
「興味、愛情」でアンテナの感度を高める 153
「当たり前」を疑って、原点に立ち返る 156

「圧倒的な個別ケア」で個人に寄り添う 159
担当・業務より「相性とタイミング」を優先 162
共感を超えて、「その人の世界」に入り込む 165
「やる」前提で考える 168
職種は捨てて、自分の居場所（畑）を持つ 170
コラム（介護3・0）そのひと言は許されない 173

第6章 本質的チームの作り方

介護3・0が考える人財と運営

175
「やりたい人」を応援するチームづくり 176

目次

リーダーは孤独で、最強の「言い出しっぺ」 178
既存の業務やシステムを疑ってみる 182
リスクマネジメントも「捉え方」で変わる 186
〝人財〟はビジョンで集める ― 人財確保から人財発掘へ ― 192

第7章 介護と地域の未来 199
介護3・0は人と町を輝かせる

〝開かれた施設〟より〝繋がりたい施設〟 200
〝在宅介護〟こそが、究極の個別ケア 205

介護が地域活性、地方創生の鍵になる 214

第8章 「捉え方」で世界は変えられる
介護3・0の無限に広がる可能性 223

介護×お笑い、美容など=可能性は∞(無限大) 224
ビジョンを共有すれば、可能性は広がる 238
全ては「捉え方」から始まる 244

おわりに —僕たちが創る未来— 250

第1章　今の介護で本当にいいのか

なぜ、介護3・0が必要なのか

僕が本気になった瞬間 〜人間じゃねぇ〜

茨城県筑西市出身。三世代家族で男三兄弟の真ん中。少し〝遊び〟が過ぎて、親が先生から呼び出される時もあった僕が「介護」の道に入ったのは、2000年の介護保険制度元年で介護に注目が集まっていた頃です。

地元の工業高校卒業を控えて就職するか悩んでいた時、尊敬する祖父から「介護の仕事はどうだ」と勧められて、栃木県小山市の専門学校に入ったのが全ての始まりでした。

正直、志も何にもなかった――。

初めての実習。

おばあちゃんがガラス張りの部屋に入れられ、横になって叫んでいました。首からつま先までファスナーがついているツナギを着せられ、ファスナーには本人が開けられないように鍵が……。

僕は、住んでいるお年寄りも、顔色一つ変えず働いている職員も、**本気で「人間じゃない」と思いました。**

それでも僕は、介護の道に進んだ。今思えば、導かれるように介護の仕事に就きました。

やるなら自分のやりたい介護をやろう

そもそも既存の介護に違和感が生じていました。

寝たままの機械入浴、意思に関係なく進められる食事介助、一日に数回決まった時間のオムツ交換。**お年寄りはみるみる衰え、職員はスケジュールに追われどんどんストレスが増えていく。**

最近になって「介護3・0」として新しい介護理論を発信し始めたように思われるかもしれませんが、僕の考えていることや実践していることの本質は、20歳の頃から何も変わっていません。

実績も経験も何の役職も持たない、ただただ若いだけでしたが、僕は周囲にいさめられても**「その人らしい生活」「好きな時に食事、入浴、散歩」**を目指し、挑戦を続けていました。


認知症だからと外出を制限すれば反動で人目を盗んででも外に出たくなる。

それを問題視して制約する。

誰も幸せじゃない。

だったらその労力を散歩の付き添いに費やした方が入居者は楽しいし、職員もやりがいを感じるし、お互いに輝ける。

「お年寄りを元気にする」「その人らしさ」「当たり前の生活が一番のリハビリ」「お年寄りは変わらない」「居場所がある生活」「圧倒的な個別ケア」などいたってシンプルに、本質的に捉え、実践してきただけです。


一スタッフ、フロアリーダー、弱冠25歳で当時の施設の介護長、31歳で介護付有料老人ホームの施設長に就任しました。施設長の時は施設の立ち上げ、建物の設計段階から携われました。

一対一の介護から組織づくり、ソフトからハードづくり、新人教育からリーダー育成まで一切ブレずに実践してきました。

約100人のお年寄りを看取ってきました

一人ひとりをおくる度に「もっと輝かせる行動ができたのでは」と自分の不甲斐なさ、スキル不足を痛感すると同時に、いただいた経験を無駄にせず、必ず次に繋げるように行動してきました。

要するに僕の介護感は**100人のお年寄りを犠牲にして確立されました。**

今でも「ああすれば」「こっちの手段の方が良かったのでは」と思い起こします。

その辺の「○○ケア」「○○論」に負けるわけがない。

負けるわけにはいかない。

介護の本質は〝代行〟であってはならない

2021年4月から僕は、起業して組織に属さず、「**介護3・0**」という本質的なソフトを掲げて「介護クリエーター」として「介護のスタンダードを変える」活動を生業にしています。

「お年寄りが最後まで自分らしく暮らせる社会。それをプロとしてやる僕たち介護士が胸を張って輝ける社会を作りたい」

なぜ今なのか。

内閣府発行の「令和2年版 高齢社会白書」によると、わが国の総人口は2019年10月1日現在、1億2617万人。

65歳以上の人口は、3589万人となり、**総人口に占める割合（高齢化率）も28・4**

%になりました。

また、わが国の総人口は、長期の人口減少過程に入っており、２０２９年に人口１億２０００万人を下回った後も減少を続け、２０５３年には1億人を割って９９２４万人、２０６５年には８８０８万人になると推計されています。

約2・6人に1人が65歳以上の時代が来る

65歳以上の人口は『団塊の世代』が65歳以上となった２０１５年に３３８７万人となり、『団塊の世代』が75歳以上となる２０２５年には３６７７万人に達する見込みです。

その後も65歳以上の人口は増加傾向が続きます。２０４２年に３９３５万人でピークを迎え、その後は減少に転じるとされていますが、同時に総人口が減少する中で65歳以上の人が増加することにより高齢化率は上昇を続けます。

２０３６年に33・３%で３人に１人。２０６５年には38・４%に達して、国民の約２・６人に１人が65歳以上になる予測です。

総人口に占める75歳以上の人口の割合は、２０６５年には25・５%となり、約３・

9人に1人が75歳以上になると推計されているのです。

さらに同書によると、約45年後の2065年には**現役世代（15〜64歳）1・3人で65歳以上の高齢者1人を支える**社会が到来すると推測しています。

出生率も生産年齢人口も共に現在の半分程度という、僕らの想像を超えるスピードで超高齢化が進んでいます。

介護代行から介護伴走時代へ

65歳以上の要介護者等数も増加します。

介護保険制度における要介護又は要支援の認定者数は2017年度末で628・2万人。2008年度末から175・9万人増えています。

おのずと介護老人福祉施設（特養）、介護老人保健施設（老健）などの定員数も増やされ、近年は有料老人ホーム、サービス付高齢者向け住宅の定員数が特に増えているといいます。

しかし、それに伴い介護従事者不足もさらに深刻化し、介護関係職種の有効求人倍率は2019年に4・20倍。全職業の約3倍にもなります。

これは、何を意味しているのでしょうか。

ハードは増やせても、重要な人材は急には増やせない。

「施設に預ける」「介護サービスを受ける」といった受け身の〝**介護代行時代**〟から、企業、地域が独自の介護のコンテンツやハードを作る〝**介護伴走時代**〟に転換していく、していくべきだと信じています。

そして、そのコンテンツやハードに確実に必要になるのが、その中核となるソフトである「**介護3・0**」です。

ソフトの浸透には時間が掛かります。お金をかければすぐにできるものではありません。必要になってからでは遅いんです。

「今、全力で伝えたい！　現場をたくさん作っていきたい！」

早急な浸透は必至です。

時代は僕らを避けては通れない。

〝寝かされきり老人〟で本当にいいのか

「寝たきり」とは「疾患・障がいなどのために、長期にわたって寝たままの状態のこと」をいい、日本には３００万人前後いると言われています。

寝たきりの主な原因は骨折や脳梗塞などがきっかけとなるケースが多いとされていますが、見るべきポイントはそこではありません。

そもそも、寝たきり老人は存在しません。

骨折や脳梗塞を理由に病院、施設などに入院、入所したお年寄りがそのまま寝かされ続けることによって、寝たきり老人になってしまうことが問題なのです。

寝たきり老人ではなくて「**寝かされきり老人**」と言うべきでしょう。

毎日、真っ白な天井を見上げて過ごす。

今が何月何日、何時なのかもわからない。

食事の時間はベッドが上げられ、乳幼児のようにビニールのエプロンを着けられる。

こうして筋力はみるみる落ちていき、体は拘縮《こうしゅく》し、ますます起きて活動できない体になっていくのです。そこに人としての尊厳はあるのでしょうか。

寝たきりのレッテルを貼らない

何より悲しいことは、無条件で「そういう人」というレッテルを貼られていることです。誰が何の権限で「寝たきり」「起きられない」「しょうがない」とレッテルを貼るのでしょうか。

それを貼ることが僕たち職員の仕事なのでしょうか。

なぜプロなのに「起きるためには」を考え、なぜ起きられるための環境を整え、スキルを磨かないのでしょうか。

介護3・0は、**「どんな人でも起こそう」**と捉えることから全てが始まります。

介護施設は治療ではなく、「生活」

施設に入所した途端、食事の摂取量と飲んだ水分量を毎日管理されます。場合によっては、体温や血圧、脈拍と同じように摂取カロリーも。そのうち、介護従事者の介護対象が「お年寄り」ではなく、その人を取り囲む「数字」になっていってしまう恐れがあります。

いや、大半の人は知らず知らずに視点が入れ替わっているのが現状です。

毎日、同じ量を摂取していれば健康ですか？
カロリーを制限すれば健康ですか？

介護保険の性質上、記録を残すことが求められ、見るべき「本質」に目的がたどり着かないパターンに陥ってしまいます。

ある程度のデータは必要ですが、介護福祉施設、老人ホームなどに入所したお年寄りは病気の治療をしに来ているわけではありません。

「生活」「暮らし」を続けるために来ています。

病院の延長線上の老人施設でいいわけではありません。

「治療」と「暮らし」は違う

食べた量より、何が食べたいか？

どんな食生活を送っていきたいか？

僕は、生活習慣病予防のための半強制的なカロリー制限より、その人と家族がその病気についてどう考え、食事に何を望んでいるかを優先しています。

バイタルサインの数値とにらめっこする前にその人の顔色、表情に目を向けるべきです。

介護3・0は、「**治療ではなく生活**」と捉えることから全てが始まります。

集団ではなく個人を見る

施設のお年寄りを「入居者」「利用者」という一つの集団として捉えられてしまうと、皆が同じ時間に起床し、同じ時間にご飯、同じ時間に就寝となります。オムツさえも施設側の都合でシステマチックに時間を決められて一斉に交換。スタッフも、全員が同じ介護を提供できるようにマニュアルで管理されてしまうという悲惨な事態が生じてしまいます。

お年寄りとスタッフの個性はどんどん奪われていき、輪を乱したお年寄りは「**問題老人**」、マニュアル通りに動かない職員は「**使えない職員**」と、ここでもレッテルが貼られてしまいます。

僕たちが相手にしているのは一人の「人間」です。

モノでも動物でもありません。

さらに、人生の終着点が間近に迫ったお年寄りです。

自分らしく生きられない介護

そもそも、一人ひとりが個性と意思を持っているのだから画一的な介護がハマるわけがありません。

スタッフだってロボットではないのだから……。


やりたい介護がある。

大好きなお年寄りがいる。

関係性、コミュニケーション、個性が生きた介護にこそ、この仕事の本質があります。

お年寄りも職員も一人ひとりに「役割」「居場所」を作ることが介護の最大の魅力です。

介護3・0は、「**集団ではなく個人**（**個性**）」と捉えることから全てが始まります。

「諦め」ではなく一緒に挑戦する介護

自力で立てる人を「危ないから」と、車いすに乗せる。

車いすから降りようとした人を「危ないから」と、バンドで車いすに固定する。

認知症の人に「危ないから」と、周りに何も置かないようにする。

認知症で暴れる人に「危ないから」と、精神安定剤を飲ませ、意識レベルが低い状態にする。


それを本当に「安心」と呼ぶのでしょうか。

やりたいこと、できることを奪っただけではないでしょうか。


人が立つという行為には必ず目的があります。

人が暴れることにも必ず理由があります。

なぜその目的を探ろうとしないのでしょうか。その行動がサインであり、そこにしか答えはありません。

僕たち、プロがいる理由

そもそも目的、理由を無視し、危険を排除して安全を与えるだけなのであれば介護士でなくとも誰でもできます。

僕たちは必要ありません。

その人が本当にやりたいことを安全に、安心してできるように僕たちプロがいます。

もし一人では無理だったとしても、その人が目的を達成する方法を考え、探し、挑戦することができるために僕たちプロがいるのではないでしょうか。

介護3・0は「**諦めさせるではなく、一緒に挑戦する**」と捉えることから全てが始まります。

介護職員は〝人材〟ではなく〝人財〟

厚生労働省の２０１８年の調査によると、介護労働者の離職率は、２００７年度の調査は21・６％（全産業平均：15・４％）、２０１６年度調査においては16・７％（全産業平均：15・０％）と改善傾向にあるものの、全産業平均と比較するとやや高い水準です。

また、介護事業開始後の経過年数別では、事業開始後1年未満の事業所における離職率（５年平均値）は36・５％であるのに対して、事業開始後10年以上の事業所は13・８％と大きく差が開いており、事業開始から間もない事業所における離職率が高くなっています。

注目は離職理由です。

「職場の人間関係に不満があった」「結婚・出産・妊娠・育児」に次ぎ、**「理念や運営のあり方について不満があった」**が挙がっています。

同調査では「職場の風通しが悪いことが一因として考えられ、日頃の職場内のコミュニケーションや、経営者と従業員の経営方針・ケア方針の共有等、多様できめ細かな雇用管理の改善により解消されるものと期待される」とも言及しています。

よき〝人財〟との出会い

大切なのは職員をどれだけ多く確保できるかではないのです。

「人材」を「人財」と思えるか、育てられるか、自ら自覚してもらえるかなのです。

人手が何人いるかではなく、その中に〝人財〟が何人いるかが最も重要です。

あくまで人員配置基準を満たしていることが前提ですが、目の前の人手不足に慌てて誰それ構わず採用するのではなく、どうすれば自分たちの理念やビジョンを共有できる人と出会えるかを考えていくことが重要です。

介護3・0は**「職員は人手ではなく人財」**と捉えることから全てが始まります。

僕の気持ちを伝えたい

「自分がやりたい介護」を突き進んできた僕は、実は「新人教育」が苦手で日々力不足を痛感しています。

まずは「伝え方」です。

「何回言ったらわかるの」「そんなんじゃ務まらないよ」と、強い言葉になることがあるかもしれません。

しかし、この言葉の裏側には「何回言っても伝わらない僕のストレスをあなたにわからせたい！」という思いがあります。

このメッセージを伝えても根本的な解決には至りません。本当に伝えなければいけないのは、「**僕は本気であなたにこれをわかってほしい**」ということです。

「教育」というと、どうしても「何を教えるのか」「何を指導するのか」という方向になってしまいます。それも重要ですが、同じくらい、その人が「何を知りたいのか」「何ができるようになりたいのか」を知ることが重要だと、僕は思います。

この思いをきちんと理解してサポートできれば、伝え方も変化するはずです。相手の新人スタッフは**「僕を理解してくれている」「成長を応援してくれている」**と信頼し、聴く耳、姿勢になってくれるはずです。

逆の立場で考えてみましょう。僕が新人スタッフだとして先輩から強い注意を受けたとします。僕は落ち込むし、ムカつくでしょう。

でも、捉え方を変えてみると、もし僕が誰にも注意されずにいつまでも独り立ちできない職員になっても、その先輩には全く関係ないことなのです。

給料が減るわけでも、人生を左右されるわけでもない。ということは、その先輩は僕のことを思って言ってくれていると捉えられます。こう捉えると、少しだけポジティブに注意を受け入れられるようになります。自分のスキルアップに繋がります。

「早く仕事を覚えたい新人」と「早く仕事を覚えてほしい先輩」――。

目的、ゴールは一緒なのにうまくいかなかった原因は**「伝え方」**と**「捉え方」**だと思います。

自分が何を伝えたくて、どう捉えるか。自分への戒めです。

第2章　介護のニュースタンダード

介護3・0の本質とは何か

現状の介護はゴールじゃない

「介護1・0」は、いわゆる「無償の介護」（オムツ交換、食事介助、着替えなど）のことで、世間一般的にイメージされる家族が行うような「面倒を見る、面倒を見られる」「お世話する、お世話される」介護を指します。

そこには必ず、親子であれ夫婦であれ、上下関係、弱者強者のパワーバランスが生じてしまいます。

残念ながら、僕が介護業界に入ってからも現在も、多くの施設や介護士にとってはこちらがスタンダードです。

僕らプロの介護士が〝面倒を見る、お世話する〟介護1・0にとどまっていいのか。

この疑問が生じたことから、介護3・0は生まれました。

「**介護2・0**」は、労働環境の改善や2025年に懸念される約30万人の人材不足といった介護業界の課題を、IT（情報技術）、ICT（情報通信技術）によって解決を図る、**介護のデジタルトランスフォーメーション（介護DX）**を言います。

政府はすでに2025年問題、さらに100歳以上の高齢者が30万人を超えると推測される2040年を見込み、有識者会議やロボット、センサー、ICTなどを活用するパイロット事業を実施しています。

民間企業も身体介助や見守りを支援するロボット、事務的手続きや業務が簡易化できるソフトウェアなどの研究開発事業に参入するなど、国全体の流れ、取り組みになっています。

しかし、効率化が最たる目的であっては、根本的な「お世話する、される」からの脱却には至りません。

ブレてはいけない。重要なのは、「**本人にとって納得のいく介護になっているか**」「**その人らしい生活は維持できているか**」です。

その指針となるのが、僕が提唱している本質的・実践的ソフト「**介護3・0**」です。

お年寄りの個性に寄り添い、夢を叶える

介護3・0の大きなテーマは、何回でも言います。

「目の前のお年寄りを輝かせて、自分も輝く」です。

お年寄りが当たり前の生活を取り戻して、その人らしい生活を送る。さらに、その人の夢を実現していく。

個に寄り添い、夢の実現に向けて全力でサポートする過程に介護士はプロとしてのポリシーを持ち、やりがいを見出す。

それが介護3・0です。

では、プロとしてどういう介護をすべきか、どのようにその人らしい生活を取り戻すきっかけを作るのか。

大きく2つのポイントがあります。

①目の前のお年寄りをどう捉えるか
②お年寄りは変わらない

例えば、目の前に右手麻痺の人がいたとします。

従来の介護1・0は不自由な右手の代わり、または補助的役割になろうとしますが、介護3・0は**麻痺のない左手の可能性を伸ばしていく**ことを考えます。

誰かの補助がなければ生きられなくなる介助は、プロの仕事ではありません。

プロは、目の前のお年寄りの個性を観察し、捉え、その人の今ある可能性を最大限に生かして、自身の力で自分らしい生活を送るためのサポートをする。

それが本来の介護であり、プロの仕事です。


本質を見ようと寄り添い、伴走することで、その人の個性、人生、そして「叶えたい夢」が見えてきます。

・やりたいこと
・行きたい場所
・会いたい人
・やり残していること
・してあげたいこと（サプライズ）

「お世話する」というイメージを捨てる

「認知症になってしまった」「麻痺になってしまった」など、**お年寄りが変わっていくのは仕方がない、という固定概念は捨ててください。**

認知症患者、麻痺患者という外的要因に惑わされず、「個人」を見れば、お年寄りは何も変わっていません。

外的要因で何かを諦めるのではなく、お年寄りが変わらないでいるために、自分らしい生活を続けられるように、一人ひとりの個性と向き合い、その人の内在的能力を引き出せるように僕らがやり方を変えていく。

〝圧倒的な個別ケア〟——その先の**〝自己実現〟**まで行くことが、介護3・0の本質的な目的です。

なぜ、このような目的が必要なのでしょうか。

「介護はお年寄りの個性を尊重して元気にし、夢を叶えるお手伝いをすること」と掲げることで、職員のモチベーションが上がるだけでなく、介護業界全体のイメージも変わります。

「お世話する」というイメージを壊して変革し、介護で働く人たちが輝いて働けるような世界にしたいんです。

全ては「捉え方」です。

生きがい、居場所を一緒に作る

介護1・0と比較し、介護3・0の捉え方を見ていきましょう。

【寝返り】
介護1・0＝体位交換
介護3・0＝自立・自律

床ずれ（褥瘡・じょくそう）予防のために寝返りが打てないお年寄りに対して、体の向きを変える「体位交換」を施すのが従来の流れですが、介護3・0は「自分で考えて動けるように」「寝返りが少しでも打てるように」どう工夫すればよいかを考えていきます。

「その人がどこを握ったら自分でできるかな」「どういうベッドを使えば自分で動く

ことができるのかな」と、自立・自律を最優先にした方法をご本人、そのご家族と一緒に考えます。

【排泄】

介護1・0＝オムツ処理
介護3・0＝プライド

僕らは本来、お年寄りのプライドを守る立場であるべきです。

僕も皆さんも、排泄はどんなに信頼できる家族でも、物心ついた時から死ぬまで極力見られたくない行為のはずです。しかし、お年寄り、被介護者と呼ばれるようになった途端に排泄介助、オムツ交換が当然のように行われます。

すぐにオムツ着用を促し、定期的な交換に時間を費やすのではなく、その人のプライドを守り続けるためにどうしたら自力でトイレに行けるか、排泄できるかを考える方に時間を費やすべきです。

自力で排泄できれば、結局は介護士の負担も減り、お年寄りにとってもっと有意義な、楽しいことに時間が使えます。

【食事】

介護1・0＝治療

介護3・0＝コミュニケーション

特に病院や施設では、カロリー計算や栄養バランスの下に組まれたメニューがほとんどです。病気や持病に合わせた食事、いわゆる「治療の一環」という要素が大きく占め、味気ない食事というイメージが強いと思います。

「食事」という行為の本質は何か。

老若男女問わず「どこで誰と何を食べるか」というコミュニケーションです。コミュニケーションの有無が食事に満足感を得る最たる要因ではないでしょうか。

咀嚼《そしゃく》力が弱いお年寄りにサンマの塩焼きを出すときには、身を全てほぐした状態で出すのではなく、コミュニケーションをとりながら目の前でほぐす方がサンマの塩焼きと認識できて、より満足感が得られるはずです。

また、カロリー制限をしなければいけない90歳のお年寄りがいたとします。その人が制限せず人生を謳歌《おうか》したいのか、摂生して孫の結婚式まで長生きしたいのか、それによって僕らの目標も変わってきます。

介護1.0と3.0の比較

お年寄りの生活	介護1.0	介護3.0
寝返り	体位交換	自立・自律
排泄	オムツ処理	プライド
食事	治療	コミュニケーション
入浴	保清	リラックス
レクリエーション	余暇活動	生きがい

「ご飯を食べないからお粥、刻み食、流動食にしましょう」「持病があるので徹底して制約しましょう」ではなく、理由を探ることがプロの仕事です。

その人が「なぜ食べるのか、食べないのか」を探り、食事を満喫できるようにすることが最も重要なのです。

【入浴】

介護1・0＝保清

介護3・0＝リラックス

食事と同様に治療の一環のイメージが強く、施設の規模が大きくなればなるほど、個のプライバシーも趣向も生かされない入浴になっているのが現状です。心身の健康を増進する入浴の「心」の部分が欠落しています。

介護3・0はむしろ「心」の部分にとことんこだわります。

入浴の本質は湯船につかってリラックスするためと考えれば、浴槽に入れる環境、システム、技術を僕らがプロとして整えることに全力を注ぎます。

【レクリエーション】

介護1・0＝余暇活動

介護3・0＝生きがいづくり

午前と午後、大広間に集められ、童謡やリハビリテーションを兼ねた手遊び歌を一斉に歌う——。本当に全員が楽しめているのでしょうか。

生きがい、やりがいをどう生み出していくかが僕らのすべき仕事です。

完璧な介護を受けていたとしても、その人が生活に居場所とやりがいを感じていなければ本質的な幸せには繋がりません。

人が幸せを感じる瞬間は「与える側」に回った時です。

何かを教えたり、作ってあげたり。どんな状態になっても与える側でい続けられるように、僕らプロが場面や機会を設けることが大事なのです。

お年寄りとの対等の関係性

介護業界で報道されることは高齢者虐待、介護員不足など暗いニュースが多く、マイナスイメージにあふれた業種と見られています。

過酷な職場環境、重労働、お年寄りの問題行動が原因として語られますが、僕は全て「関係性」に起因していると思っています。

・もらう側と与える側
・弱者と強者
・被介護者と介護者

ではなく、「対等」の関係。わかりやすく言えば「**持ちつ持たれつ**」の関係性を築けばいいのです。

目の前のお年寄りが元気になれる、居場所を作ることで僕らも学びや喜びを得られます。介護３・０の捉え方で仕事に取り組むと、認知症や片麻痺の人が食べ物をおいしそうに飲み込む喉の音だったり、トイレの後のスッキリした表情だったり、些細なことにやりがいが見出せます。

「共同生活している」という環境、状況を施設全体で作っていれば、虐待もなくなるのではないでしょうか。

生きがい、居場所、やりがいをプロとしてお年寄りと一緒に作っていくということが介護3・0の本質的な姿勢です。

そのためには、従来の捉え方から脱却していかなければなりません。いや、捉え方は極シンプルで「お年寄りが好きなお風呂に入ったり、好きなものを食べたり、会いたい人に会うためにはどう行動すればいいのか」「長所・プラス面を見る」という、人間関係の本質に戻るだけです。

介護3・0は特殊な理想論ではなく、〝**捉え方一つで僕らもお年寄りも輝く**〟**本質論**なのです。

介護のニュースタンダードを世界へ

僕の強みは、3つあります。

【1】「目の前のお年寄りをどう捉えるか」「お年寄りは変わらない」を、対個人、集団、組織、施設レベルで実践できる。

2015年~20年まで栃木県下野市にある「介護付有料老人ホーム 新(あらた)」で、僕は施設長として構想や立ち上げから、システムなどのソフトづくり、建物、設備といったハードの設計まで携わりました。

僕の本質的捉え方に基づく介護論は「新」で出会ったお年寄り、スタッフ、地域の皆さんなど多くの人々によって実証を示し、「介護3・0」として確立できました。

「新」で、僕が掲げた理念は、「ＳＴＡＹ ＧＯＬＤ ｗｉｔｈ ｅａｃｈ ｃｏｌｏｒ 一人ひとりがそれぞれの色で輝き続ける」です。

お年寄りもその家族も、職員も輝き続ける大きな家。

介護している、してもらっているという関係ではなく一緒に生活する家族。

農園や教室も備え、農作業したり、子どもに教えたりできる「与える側にいられる」場――。

持っている可能性を引き出すハードが構築でき、機能したことも実証できました。

つまり、ハード、ソフト、システム、マインドセットをゼロから作ることができたのです。

【２】現場改革にとどまらず、経営効率の向上や人財育成、求人効果も生む。

【３】介護３・０の本質的「捉え方」が企業やテクノロジーなどと連携することによって、介護の現場を超えて地域、町づくりに繋げることができる。

超少子高齢化社会、さらに悪化していく人口比重の変化、環境問題などの解決に介護3・0のプラス面を見る、引き出す力が生かされるはずです。

これらの強みを最大限に生かして、**介護のニュースタンダード**として介護3・0を日本中、世界中へと浸透させることを目指します。

「その人らしさ」に目を向けた介護

第1章で「そもそも寝たきり老人は存在しない」と言いました。さらに、レッテルを貼られているだけであって、「その人らしさ」をもっと見て、どんな人でも起こそうと捉えるべきというのが、僕の主張です。

「その人らしさ」とは何でしょうか。
どうしたら見つけられるのでしょうか。

介護、医療関係の仕事をしていると、お年寄りの持っている疾患や麻痺の有無、認知症の状態などカルテに載っている情報から見てしまう人が多いかもしれません。

専門的な仕事をする以上は、健康状態に関する情報は確かに必要ですが、そこに「その人らしさ」はありません。情報を把握するだけではなく、肝心なのはプロとしてその情報をどう活用するかです。

カルテに書かれている疾患や身体的リスクが「ネガティブな情報」だとすると、カルテには載らない一個人としての個性、経歴、生活スタイルなどにこそ「ポジティブな情報」、本当の「その人らしさ」が潜んでいます。

それを理解して初めて、僕たちの本来の仕事がスタートします。

1．「その人らしさ」を知る
2. 医療的、身体的な情報を知る
3. 現状で本人が「できること」を見つける
4. 現状で「できないこと」の理由を探る
5. 本人がやりたい、できるようになりたいことを一緒に決める
6. 後は、やりたい、できるようになりたいことの達成に向かって伴走する

これが**介護の本質**だと思います。

お年寄りの過去の生活を知る

「その人らしさ」を知る方法は、意外とシンプルで僕たちが視点を変えるだけです。疾患や認知症状ではなく、**その人が生きてきたストーリー、生活歴を見ます**。

どこで生まれ、何人兄弟で何の仕事をしていて、いつ誰と結婚して子どもは何人、趣味は何などがわかる。その人らしさがたくさん隠れています。

僕たちの仕事は初見で要介護者であることがほとんどです。

だから、寝たきりの人、認知症の人を「そういう人」と捉えてしまいがちですが、皆普通の生活をしていた人ということを忘れてはいけないのです。

だからこそ、まずその人が送ってきた生活を知ることが大切です。

そうすれば、**僕たちの「初めまして」は変わります**。

僕たちは自然と、怒る理由、暴れる理由、寝ない理由といった「理由」を気にするようになっていきます。

目の前の行動だけを事実と捉えていてはわからなかった「理由」が、「その人らしさ」

と重なると「なるほどね」と腑に落ちます。

例えば、パーキンソン病を患って車いす生活のお年寄りが、昔バドミントンのコーチだったことを知り、体育館を借りてバドミントン大会を開いたことがあります。すると、そのお年寄りはラケットを握りしめて車いすから立ち上がり、歩き出したのです。それ以降、そのお年寄りは歩行で生活できるようになりました。

毎日、夜になると「帰る」と言って怒り出すお年寄りもいました。

理由を探ると、「新」を自分の働いていた役場と思っていたのです。

だから、終業時間に家に帰ることは当然のこと。そこで「宿直」という架空の仕事を作ってお勤めをお願いしてみたところ、〝新＝役場〟に泊まってくれました。「宿直」という「居場所」「役割」もでき、宿直日誌まで記録し始めたのです。

この「腑に落ちた」瞬間、**めちゃくちゃ介護士としてのやりがい、達成感が得られます。**

ポジティブな情報を取り込む

極論を言うと、介護は「その人らしければ何でもあり」だと思っています。

暴れているおじいちゃんが「暴れている時が一番その人らしい」のであれば、僕たちのやるべきことは、その人がどうすれば安全に、他者に迷惑を掛けずに楽しく暴れられるかを考えればいいだけです。

そしてそれを行動（ケア）に生かす。

ご飯を食べない人が自分で作ったものはたくさん食べる。普段車いすの人が畑に行った途端立って畑を耕す。普段ボーっとしている人が幼い子に会うと別人のようにしゃきっとする。寝たきりで言葉を発しない人がお墓の前で「お父さん」と言う。

「なぜか？」

とことん個を見て、考えてみてください。

病気や身体状況ではなく、**「その人らしさ」に目を向けて行動する介護はその人の**

「心」を動かします。

そして、僕たち介護士の**「やりがい」という気持ちも突き動かしてくれます。**

全ての行動には理由があって目的があります。

僕たちプロは簡単に「要介護者」と決めつけ、そこから逃げてはいけません。

僕たちは「その人らしさ」を見なくてはいけません。

〝ネガティブ〟ではなく〝ポジティブ〟な情報の捉え方を養い、想像力を働かせてその人の輝いていた頃をイメージし、そして、行動するのみです。

イマジネーションは、お年寄りと僕ら介護士の間に新しい関係性を築いてくれます。

与える側で生きていく大切さ

第1章で「治療ではなく生活と捉えるべき」「『役割』『居場所』を作ることが介護の最大の魅力」と言いました。

本来僕らは学校、職場、家庭で子どもも大人も皆が居場所や役割を持ち、共に生きています。その中で人が幸せを感じる時は、誰かに何かを与えることができた時です。自分の居場所で役割を全うできた結果であり、生きている意味や意義が感じられる瞬間。社会に自分が存在していることの証明でもあり、自分を肯定して生きていくための鍵でもあります。介護が必要になったお年寄りも同じです。

たとえ、世に言う最高の介護を毎日受けることができたとしても、結局は「**与えら**

れる側の人」だと、本質的な幸せではなく、充足感を得られてはいません。どれだけ年老いても**「与える側の人」**でい続けることが本当の幸せのはずです。

体が自由に動かなくなったり、認知症になったり。どんな体、心理状態になっても「与える側」でいられるきっかけ、環境づくりをすることが僕たちプロの真の仕事です。やらなければいけない仕事です。

では、実際にどう実践すればいいのでしょうか。

捉えるべきポイントは3点あります。

①その人が今できること

②その人が昔やっていたこと

③その人が周りに認められること

昔やっていたことではなく、新たなチャレンジでも良いと思います。

中でも、③が一番重要で、ここに着地しなければ、ただのレクリエーションで終わってしまいます。どうすれば、その人が主役になって輝き、周りを感動させられるかを演出することも介護3・0の、プロにとっての重要な仕事です。

そのために、僕たちは、目の前のお年寄りに「愛情」と「興味」を持ち、その行動に一喜一憂するのです。

できることが増えたら一緒に喜び、失敗したら一緒に落ち込み、チャレンジの時は一緒にドキドキ。成功したら一緒に達成感を味わうなどなど。

役割や居場所づくりは〝**一緒にやる**〟ことが大切です。その体験、感動の共有は、職員にとっても居場所にもなります。

そう、介護3・0の神髄「**目の前のお年寄りを輝かせて、自分も輝く**」です。

家族間も同様です。「親」であるはずなのに介護が必要になると子どもたちにお世話されるようになり、「親」でなくなってしまいます。立場が逆転しているようですが、「親」は「親」、「子」はいつまでも「子」です。

その人が親としてい続けられるために、僕たち介護士は何ができるだろうと考え、共に行動し、寄り添い、伴走しましょう。

その人の周りにいる人たちとの絆の糸をさらに強く結ぶことも「居場所づくり」に

大切な、大切な仕事です。

居場所と役割を作る

実際にあったエピソードをいくつかご紹介します。

◎エピソード：1 「餃子祭り」

ある日、施設内で「餃子祭り」をしました。入居されているお年寄りのご家族も交え、スタッフも皆で餃子を作り、皆で焼いて、皆で食べる。

そんな中、ひと際活躍したのが元調理師のGさん。鮮やかな手つきでどんどん皮にあんを包んでいきます。「すごいね」と伝えると、Gさんはこう言います。

「ぜんぜんすごくないわよ」

「頭がいいとかじゃないの、私はただ忘れないだけ」

「その時あったこと、自分が思ったことをちゃんと覚えておくようにしているのよ」

その瞬間、瞬間。自分の感じたこと、思ったことを忘れずに一歩、一歩進んでいきたいと思いました。

◎エピソード：2　「夫婦のキズナ」

ある猛暑日。Ｋさんは堆肥箱を作っています。そこへ、面会に来た奥さん。自宅で一緒に暮らしていた頃のように亭主関白の夫を手伝う妻の姿がそこにありました。

一方、共に入居しているＨさん夫婦は、初めて夫婦で花火大会に参加しました。２人とも「初めて見たよ」「最高だった」と、とても喜んでくれました。

別々で暮らす夫婦。

一緒に暮らす夫婦。

カタチはそれぞれですが家族、夫婦との絆を結び直したり、新しい糸で繋いだり。そのきっかけを作っていけたら最高だと思います。

僕たちがやるべきことが見えました。

◎エピソード：3　「おいしいご飯」

食欲の秋。一番おいしいのは「自分が食べたいものを自分が食べたいように料理して食べる」。そして、自分が作ったものを皆に「おいしい」と食べてもらえること。最高ですよね。

蕎麦打ち名人の大林さん（仮名）は打ちたての蕎麦。元調理師Gさんはカボチャの煮物。Mさんは焼きナスを作ってくれました。

「昔はよく作ってたのよ」

と、とても懐かしそうに料理されていました。

自分で食べたいメニューを考えて、ワクワク昔を思い出しながら料理をする。「おいしい」「おいしい」と言われて、うれしい。

料理だけではないと思います。何歳になっても居場所があって役割があって、誰かに何かを与えることができる。それが「生きている」ということだと思います。

そこに「幸せ」があると思います。

施設に住んでいる一人ひとりにその「生きている」を実感しながら、輝いて生活していただけるように、たくさんのきっかけを作っていかなくてはいけないと思いました。

◎エピソード：4 「I'm Montyu」

施設に門柱ができました。

東海地方にある某芸術大学の彫刻家を志す2人の学生が、地元からトラックで石を運び、施設に住み込みで一から門柱を作ってくれました。

施設のお年寄りと寝食を共にし、若者は夢を語り、大先輩たちは積み上げてきた人生の経験を語る。「生きるとは」「働くとは」など。作業中にケガをしたら元看護師のMさんから手当てをしてもらい、「気をつけなさい」と母親のように叱られる。

完成の日、皆でお祝いをしました。

既製品ではなく、学生がお年寄りと関わり、たくさん悩み、教わりながら作り上げた門柱は前からそこにあったかのようになじんでいます。今もこの門柱は施設を訪れる人、旅立つ人を見守ってくれています。

年齢も住んでいる場所も全く違う人たちが、与え合って繋がっていくことは、とてもすてきなことだと感じました。

何より、住んでいる方々が何歳になっても「与えながら生きる」ことができるようにしていきたいです。

瞬発力と行動力が求められている

第1章で、「危険だから」といって「諦めさせるのではなく、一緒に挑戦する」と捉えるのが介護3・0と訴えました。

介護3・0を実践する僕たちは、お年寄りが自分らしい当たり前の生活を取り戻し、さらに、**お年寄りの夢を叶えるプロ**でなければいけません。

介護職の現状を知っている人たちからは「不可能」「無謀」などと揶揄《やゆ》されるかもしれません。介護3・0が普及途上の現段階では、難しいと感じる人が多いことは否めません。

でも僕は、僕の仲間たちは、実践に実践を重ねてきました。幾度もトライ&エラーを繰り返しましたが、介護3・0は全て実践に裏打ちされた本質的介護論です。

ここで言う「お年寄りの夢」とは、やりたいこと／やってみたいこと／行ってみたい場所／会いたい人／食べたいもの／僕たち介護士がその人にやってあげたいことを指します。

そのため、お年寄りと出会ってからは、高齢者、障がい者、患者ではなく、「人」として歩んできた長い人生を捉えて知ること。その人が本当にやりたいことを見つけることが肝要です。

そして最期に、その人が本当にやりたいことを一緒に行動し、叶えていきます。

お年寄りの夢を叶えるために大切なことは、**「瞬発力（フットワークの軽さ）」**と**「行動力」**です。

明確な理由が2つあります。

【1】僕たちは残りの人生が少ないお年寄りを相手にしているから

例えば、3か月かけて完璧なプランを作成したとしても、プラン作成前のお年寄りの状態と変容、あるいは悪化、最悪の場合は亡くなってしまう可能性も重々あります。

僕たちの介護はそういう人々を相手にしているのですから、その人からの「思い」というシグナルに敏感になり、キャッチしたら即行動できなければいけません。

お年寄りの「今」は、若い世代、僕たちの「今」と重みが違います。

【2】トライ&エラーの繰り返しでしか夢は叶えられない

はっきり言って人の夢を叶えるというのは簡単なことではありません。甘くありません。10回チャレンジして1回成功するかしないかです。

ならば100回チャレンジして成功を10回にしていけば良いのです。そうすれば、チャレンジの度に僕たちが次にやるべきことが見えてきます。チャレンジ、失敗、反省、ブラッシュアップ、成功と一連の体験を重ねることで、次のチャレンジがより本質に近づいていきます。

しかし、【1】の通り、時間には限りがあります。リミットは迫っています。

故に、介護のプロとして、「瞬発力(フットワークの軽さ)」と「行動力」が求められるのです。

最初の一歩を踏み出すスピード

お年寄りの自己実現に、「夢を叶えたい」という介護のプロとしての自己実現が重ねられた時、〝目の前のお年寄りを輝かせて、自分も輝く〟が実現します。

その輝きは相乗効果で増し、介護業界を明るく照らすことは間違いありません。

僕は、僕の仲間は「介護3・0」をずっと実践してきました。

馬鹿にされ、否定されることも多々ありますが、**僕らは「介護士」「介護の現場にいます」と胸を張って、誇りを持って実践**しています。

目の前にいるお年寄りの残りの人生は、僕たちより限られているのだから……。

余談ですが、社会全体においても、一歩を踏み出せない人はたくさんいると思います。その人たちの踏み出せない理由はおそらく「歩幅」を気にするからではないでしょうか。

確実に、前に、大きく踏み出そうと慎重になり過ぎて、なかなか踏み出せないのかもしれません。

僕は「歩幅」は一切気にしません。その代わり、「やろう」と思った瞬間に1ミリでもいいから踏み出すようにしています。

この一歩のスピードは誰にも負けたくありません。

1ミリでも動けば確実に景色は変わります。2歩目にやらなければいけないことも見えてきます。

「歩幅」より「踏み出すスピード」。

これは、今まで出会った、看取ったお年寄りに教わった〝大切な本質〟です。

お年寄りが輝けば、僕たちプロも輝く

第1章で、「職員は人手ではなく〝人財〟」と捉えるのが介護3・0と断言しました。

「はじめに」でも書きましたが、一般的な介護のイメージは「認知症、お年寄りのお世話」「キツい、汚い、危険、給料が安いのいわゆる4K」で、介護業界は慢性的な人材不足にあります。

今のままのオムツ交換や機械浴の操作など、家族が無償で行う介護の延長上の仕事だけでは、仕事に対して何の魅力もやりがいも感じないのは当然です。

人材不足は国や制度のせいではなく、はっきり言って「お世話をする」「面倒を見る」という介護1・0を何も疑わずに有償で続ける介護士、介護現場に原因があります。

どんな仕事やプロに魅了されるのか。

「スゴイ商品を作っている職人はカッコイイ」

「大活躍しているスポーツ選手はカッコイイ」

「おしゃれでおいしいカフェの店員はカッコイイ」

プロとして輝く理由は、その対象の**〝モノ〟〝コト〟〝ヒト〟が輝いている**からではないでしょうか。


僕たちの対象はもちろん「お年寄り」です。

目の前のお年寄りを元気にして、その人らしく輝かせることができたら、僕たちは介護のプロとして必ず輝くことができます。

その魅力を発信していけば、多くの人財が集まってくれるはずです。

遠くない未来、子どものなりたい職業ベスト3に「**お年寄りを元気に輝かせるプロの介護士**」がランクインすることだってあり得ます。


僕が施設長を務め、介護付有料老人ホーム「新」で掲げた理念は、

STAY GOLD with each color
一人ひとりがそれぞれの色で輝き続ける世界へ…

一人ひとりとは、「新」に住むお年寄りだけではなくその家族、そしてスタッフも入ります。そもそも、スタッフも自分のやりたいことや（居場所・役割を持って）輝ける職場を作ろうと、「新」を立ち上げました。

結果、〝介護員兼介護フォトグラファー〟〝調理師兼コンポストアドバイザー〟〝栄養士兼イベントプロデューサー〟〝カフェ店長兼音楽活動家〟など、さまざまな居場所・役割を持ったスタッフが誕生しました。

僕たち自身が輝くために

僕たちのするべきことは「お年寄りを元気に、幸せにする」。そのために、まず僕たちが日々笑顔で楽しんで輝いていなければ、目の前の人を幸せにすることなんてできません。

新人研修の時に、スタッフに必ず言っていることがあります。

「最高にやりがいのある仕事ができて、居場所があって、お金もたくさんもらえて、日々ワクワクしながら仕事ができている2、3年後の自分をイメージしながらタイムカードを押してください。皆さんがそうイメージして仕事をしてくれることがお年寄りのためになります。そして、『新』のためになります」――。

介護の仕事の本質は、相手のニーズを洗い出してそれに応えることではありません。**「目の前の人に、自分に、何ができるかを考えて行動すること」**です。

だから、目の前の人に自分ができることを全力で実践できる人＝**人財**を育てていかなければなりません。

僕たちは輝いていなくてはならないのです。

ありがとう、ザッキー

「介護の異端児」「ワンマンでイケイケ」——。

「新」時代から冗談交じりにこう言われることが多かったのですが、組織に属していた僕がなぜそんなに自由に自分が思う介護を貫けるのか。

それは、相棒であり上司でもある（笑）、篠崎一弘常務理事（通称ザッキー）がいたからです。

アイデアを思いつくと一番にザッキーに相談します。すると必ず、口癖のように、「**わかった。じゃあ俺は最悪を想定して準備しておくね**」と。

僕ももともと絶対の自信があって話すのですが、この言葉のおかげでさらに迷わず突き進めました。だから、今までの挑戦も乗り越えられてきたのです。

僕は、介護のプロ。ザッキーは、施設運営のプロ。互いに違う畑を持ったプロ。だから互いに信頼し合い、互いの想像を超えて、可能性が広がっていくのだと思います。

「責任」「責務」は、クオリティー（質）の弊害になる場合もあります。挑戦を失敗した、挑戦をしない時のいい訳にもなります。

でも僕にはザッキーがいたから、目の前のお年寄りにがっつり向き合うことができたのです。ワンマンだったら絶対にできませんし、組織に属し、ザッキーという別の畑のプロがサポートしてくれたから自由に挑戦できたのです。皆さんが思っている以上に、「組織は自由」です。

でも、それは各々が組織に属していることに甘んじず、自分の畑を耕しているから成し得ることです。プロとして認め、信頼し合っているからなのです。

「自分の畑」を耕し、仲間、同志の畑も輝かせる。結果、社会全体が輝く。

地位とか名誉とか立場ではなく、「自分の畑」を持つことに全力を注いでください。

大きな気づきと天井知らずの包容力の持ち主、人格者ザッキー。

本当にありがとう！

この本を手に取ってくれた皆さんにとっての「ザッキー」、または、皆さんが誰かの「ザッキー」になれることを願っています。

第3章　従来の介護を捉えなおす

介護3・0が目指す究極のケアとは

「体位交換」から「自立支援」を目指す

従来の「介護」「支援」をより具体的に「介護３・０」の捉え方に変換してみましょう。

介護３・０の捉え方で切り取れば、老人福祉施設、介護施設において寝たきりのお年寄りをゼロにすることは難しいことではありません。

そもそも施設側の都合によって**「寝かされたまま老人」「寝かされきり老人」**になっている人も少なくありません。

なぜ難しくないか。

起きてもらえばいいのです。

その方法を考え、チャレンジするのがプロの介護士です。

寝たきりゼロにするポイントは3つです。

【1】環境

施設や病院はベッド、車いす、手すりなどが画一的で皆が同じ設備、環境になっていることがほとんどです。しかし、住んでいる人、利用されている人は体型、筋力、使える力、能力も場所も全員異なります。

ならば、**一人ひとりに合わせた環境（サイズ・高さ・位置）を作る**ことで、自力での寝返りや起き上がりが高確率で可能になります。自助での起き上がり能力がなくて全て介助を要しても、車いすに座って生活することができます。

・ベッドの高さはその人が立ちやすい高さにセットしてあるか
・体の右側が使える人の場合、右側からベッド、車いすへの移乗がしやすい環境になっているか
・その人が寝返りや立ちやすい位置に手すりが設置してあるか
・足の筋力が弱い人の場合、ベッドから車いす、椅子などにスライドして移れるよう

に肘掛けが外せるタイプになっているか
など、一人ひとりの持っている力に合わせた環境を作ることが重要です。その結果、
自分でできる ⇒ 起きたい
という気持ちに繋がっていきます。
この率先した気持ちを引き出せることが要になるのです。

【2】技術

「移乗介助」と言うと、どんな状態かに関係なく被介護者の両脇を抱えて力任せに持ち上げるイメージが強いかもしれません。しかし、環境同様に介護士の方法にお年寄りをはめ込むのではなく、僕らが目の前のお年寄り一人ひとりに合わせて技術を駆使していくことが重要です。

「お年寄り0：介助者10」の介護から、お年寄りが持っている力を最大限に引き出す介護技術の習得が必須です。

麻痺や持病、その他の障がいに目を向けるのではなく、今その人が持っている、使える能力、長所を引き出して、その力に合わせて介護者が方法、技術を変えていくの

です。10人のお年寄りがいれば10通りの技術が提供できるように腕を磨いておくべきです。

プロとしてお年寄りを元気にする技術を身につけられれば絶対に楽しいはずです。ロボットにはできないことです。

【3】思い

どんな人でも寝たきりにしない。起きて楽しい生活を送ってもらおう。

この「思い」が一番重要です。

現状では、プロの介護士がいるはずの病院や施設で「寝たきり、寝かされたまま老人」が生み出されてしまっています。

起こすことが大変というスタッフ、施設側の一方的な観点から、ベッド上でご飯を食べさせ、オムツを交換し、清拭《せいしき》する。

どんどん体力、能力は衰えて起き上がるチャンスは減り、「起きたい」という意欲さえ喪失します。そして、さらに介助量は増えていきます。

負の循環に陥る前に、手間はかかるかもしれませんが一人ひとりと向き合い、「この人はどうやったら起きられるかな」「ここにこんな形の手すりがあったら起き上がれるかな」「どんな介助方法をすれば足に力が入りやすいかな」と考え、行動に移します。

うまくいかなければ、スキルを磨き、また実践。たくさんもがいて、行動して、向き合い続ける。そのお年寄りが、起き上がれたとき、立てたとき、歩けたとき、その瞬間を一緒に喜び合えます。

それが３・０の介護です。

どんな人でも起こす

僕が勤める老人ホームに入所が決まった東京在住のＡさん。その時に入居していた施設に車で迎えに行った時のことです。

ベッドに寝ていたＡさんを起こそうとすると「やめろぉ！」と怒声。

その瞬間、施設の職員が集まり、「私たちがやります」とＡさんの体の下にバスタオルを敷き、４人がかりで「よいしょっ」と持ち上げて車いすに乗せたのです。

個人的な感想ですが、モノを移動している感じでした。

そして、僕の施設でのAさんの生活が始まりました。

最初は互いのことがわからず、スタッフのスキル不足もあり、なかなか起き上がれませんでしたが、施設全体の**「どんな人でも起こす」というビジョン、思いがAさんの心を突き動かし、自分で動けるようになりました。**

その後、元JR駅長のAさんは鉄道博物館に行ったり、皆でSLに乗ったり、旅行に行ったり。初詣は毎年、昔から通っていた明治神宮に行くなど、好きなところに好きな時に出掛ける「ウキウキわくわく」の新生活を送っています。

改めて、Aさんから「思い」の大切さを教えていただきました。

皆さんはどちらの介護が受けたいですか。したいですか。

プライドを守り、オムツ着用ゼロへ

前章でも触れたように「排泄」はどんなに親しい人でも、家族でも決して見せたくない、死ぬまで一人で解決していきたい行為です。

年を重ねて排泄を人に委ねなくてはならなくなった時、僕たち介護のプロの仕事は、定時にオムツがどっさり載った台車を押して、各部屋をオムツ交換に回ることではなく、一人ひとりの**「プライドを守る」ために何をすべきか考え、行動する**ことです。

そのためにまずすべきことは、**「シグナルをつかむ」**ことです。

尿意便意がなくなることはなく、訴えられなくなっていくだけです。そのシグナルは形を変えて発信されています。

もぞもぞするのか、ソワソワするのか。怒りっぽくなるのか。何かをズボンの中に入れるというシグナルもあります。

オムツとパッドの組み合わせばかり気にしていると、排泄ケアの相手が「人」ではなくオムツになり、その人が発するシグナルを見落としてしまいます。

そもそも、**「オムツ交換がやりがいだ」という介護士はいない**と思います。

そこに「やりがい」は存在しないと思います。

シグナルを必死でキャッチしてトイレに一緒に行き、座ってもらう。扉を閉めておしっこの〝ジャーッ〟という音を聞き、スッキリした表情を見る。そこに「やりがい」は必ずあります。

もし、どうしてもトイレに連れて行ける状況でなく、オムツに排泄する場合でも、大きなオムツを着けさせて何回も排泄させるのは間違っています。

一度排泄したらすぐに交換すべきです。

それが「プライドを守る」ということです。

自力排泄を可能にしたい

僕が立ち上げから携わった介護付有料老人ホーム「新」は、**オムツ着用ゼロ**です。

今もゼロです。どうすれば実現できるのか。介護3・0に沿った考え方と仕組みを作ることさえできれば、難しいことではありません。

まず重要なのは、ここでも**環境**です。

住んでいる人を主体的に考えた環境づくりが大切で、中でも「手すり」のバリエーションは重要です。

車いすの人の場合、多くは「立てないとオムツ」という考えが強いと思いますが、座位がとれれば便座に座れます。車いすから便座にスライドできる環境を作ることによって「自力で排泄できる」に繋がります。

そして、意外にも重要度が高いのが**職員の動線**です。

もしシグナルに気づいてトイレに連れて行っても、パッドなど必要な物がそろっていなければ労力を無駄に使い、せっかくのチャンスを逃してしまうかもしれません。

お年寄りの行動を予測し、予め準備しておくことで効率はグンと良くなります。

お年寄りと直接的な接点がない作業（事務作業、申請関係、事前準備など）を効率化することで、**お年寄りと接する時間が増える、有効に使える**と心掛けましょう。

生活の質の向上を考える

最後に、シグナルをつかむために必要なのが**排泄チェック表**の活用です。

チェック表をつけていけば、お年寄り自身が訴えられない場合でも排泄のパターン、間隔が把握できます。

例えば50床の施設の勤務体制で定時のオムツ交換がなくなり、前述のようなシグナルの把握、チェック表の活用を行えば排泄介助に関わる職員は1、2名で済みます。

他の職員はお年寄りとのコミュニケーション、外出などにゆっくりじっくり関わることができます。

集中、夢中になることが増えてウキウキわくわくする時間が増えて**生活の質が向上すれば、おのずと排泄レベルも向上**します。

さらに、大切なことは、お年寄りのプライドを守ると同時に僕らの仕事に対する誇りになり得るということです。

保清だけではない、お風呂は癒やし

「保清（清拭、洗髪、入浴）」――。

僕たちは何のためにお風呂に入るのでしょうか。


僕が立ち上げから携わった「新」では一切、機械浴を行っていません。

自立から要介護5の人まで全員が僕らと同じように、入居前と変わらず「お風呂」に入っています。基本的に、入る回数、時間、付き添う人、人数も選んでいただいています。


なぜか。

家族に「体を清潔にしてきます」と言ってお風呂に入る人がいるでしょうか。

お風呂の目的のほとんどが「**リラックス**」「**リフレッシュ**」ではないでしょうか。

特に日本は湯船につかって心と体を癒やすという文化です。

だから僕ら介護のプロは、お風呂の時間をいかに楽しめるか、リラックスできるかにこだわるべきなのです。


多くの施設はどうでしょうか。

昼夜関係なく施設が決めた時間にベッドから起こされて、車いすに乗せられて脱衣室まで連れて行かれる。

脱衣室で待っている職員にバトンタッチされ服を脱がされる。

機械の上に寝かされ、仕切りがないだだっ広い浴室で長靴を履き、ビニール製エプロンを着けた職員に体を洗われ、機械が下げられて浴槽のお湯につかる。

これでは、リラクゼーションのかけらも感じません。


僕が携わる「お風呂」は、部屋に行って世間話をする。「お風呂でも行きますか」と言って一緒に着替えを選ぶ。好きなタイミングで浴槽に肩までつかってもらう。

僕ら職員は横にちょこんと座って語り合う。

「そろそろ出た方がいいかな」

「ゆっくりでいいですよ」

「じゃあ、もうちょっと温まるか」

そして、お風呂から出て、着替えて、お茶をゆっくり一緒に飲む。

これが本来の、本質的なお風呂の介助です。


さらに具体的に入浴環境の作り方を説明します。

【設備】

・個浴は、ユニットバスではなく昔ながらの角が90度の一般浴槽を使います。浴槽内での座位が安定して安心安全に入浴でき、立ち上がりも浴槽の縁で膝を固定できるのでスムーズです。

・シャワーチェアを浴槽と同じ高さにセッティングします。下肢筋力がない人でもスライドして浴槽に入ることができます。

【時間と人員の確保】

方法はシンプルに2つしかありません。

「入浴介助の職員を増やすか」「入浴介助の時間を増やすか」ですが、職員をすぐ増やすのは現実的に難しいでしょう。しかし、時間は増やせます。

例えば「新」は、9時から21時ぐらいまでいつでもお風呂に入れる状況にしています。その日出勤した職員が相性やタイミングを見ながら2、3人の入浴介助を行います。職種、担当にとらわれずに看護師も栄養士も、もちろん施設長だった僕もです。

8時間労働の中で2、3人を介助すればいいのですから、自然とゆったりした入浴になります。職員側も時間に追われることなく、リラクゼーションを意識して入浴介助ができるようになります。

お風呂がお年寄りを元気にする

これらを踏まえて行った入浴介助での出来事を紹介します。

「新」をオープンして間もなく、あるご夫婦が入所しました。

旦那さんはほぼ自立。奥さんは前の施設でほぼ寝たきり状態と判断され、機械浴で入浴されていました。

旦那さんと家族は「新」に機械浴がないことをとても心配されていて、初めて個浴に入る日、奥さんは少し不安そうでした。それでも、背もたれのないシャワーチェアに座るとしっかり座位を保つことができたのです。

そして、浴槽に入りタオルを渡すと、奥さんはとても気持ち良さそうに自分で顔を拭いてくれました。

入浴後、心配で部屋で待っていた旦那さんに奥さんが声をかけました。

「とても良いお風呂だったわよ。あなたも入ってきなさいよ」

「お風呂」は、立つ力、座る力、握る力、踏ん張る力を最大限に引き出し、お年寄りを元気にします。

脱寝たきり、排泄介助と同じように、お年寄り一人ひとりの個を把握し、少しの技術と大切な思いがあれば難しいことではありません。

治療からコミュニケーションのご飯へ

食事はその人らしさの象徴です。

食事は何のためにとるのか。

介護現場は「治療の場」ではなく「生活の場」。だからこそ、**食事＝コミュニケーション**です。この捉え方、本質を理解しているか否かでケア、お年寄りの生活の質、全てが変わってしまいます。

まず、職員Kさんのエピソードを紹介させてください。

入居者のサチ（仮名）さんは夫、娘さんと栃木県内に住んでいました。

娘さんは出生後間もなく病気になり外出もままならない体に。夫と看病する生活が

50年以上続きました。その間、サチさんは娘を一人にできないと、遊びにも旅行にも行かず人生の大半を家の中で過ごしました。

月日は流れ、娘さんが亡くなり、夫も亡くなりました。

サチさんは腰を患って一人での生活ができなくなり、施設に入ってきました。「夫が死んでしまったのは、自分が負担をかけたから」という思いを抱えたまま……。

サチさんは車いす生活でしたが日中はロビーのソファで過ごし、スタッフたちにニコニコ笑顔で優しく声を掛けて癒やしてくれました。

ある日、サチさんの口に卵焼きを運び、少し席を離れるとサチさんが誤嚥《ごえん》してしまいました。「大丈夫。私が間違えてゴクッと飲み込んじゃったのよ」とサチさん。

そのとき、「**食事とは何か**」と考えるようになりました。

まず、生活を見直してみました。

食事の前は部屋で過ごし横になりリラックスしよう。食前の口の中はきれいか。入れ歯の装着剤は何が合うか。食事の時だけでも車いすから椅子に座れないか。椅子に座っても腰が痛くならないためにはどうすればいいか。お箸がいいか、スプーンがいいか。スタッフとの相性はどうか。どんなに工夫しても本人の機嫌やタイミングで吐き出したり、ケンカになったりしたこともありました。

試行錯誤する中、Kさんはサチさんの担当になりました。

一緒に外出、外食することが増え、サチさんがマグロ、アイス、プリンなどが好きなことがわかりました。さらに、旦那さんと娘さんへの思い、ヘアスタイルは短髪が好きなど、**多くのことを共有できる**ようになりました。

すると、徐々に誤嚥が少なくなり、ケンカも減り、食事も安定していきました。

軌道に乗ったのも束の間、食事後の痰がらみが頻繁になり、吸引が増えて検査入院することになってしまいました。

入院中は食事を一切食べさせてもらえず、ベッドからも起こしてもらえず、面会に行くといつも泣いていました。ひどく痩せ、声を掛けても頷く程度になって、施設に帰ってきました。

かかりつけ医からは、「もう長くないだろう」とも告げられました。

サチさんに何ができるだろう。

サチさんの自宅から茶ダンス、ご家族の写真などを持ってきて施設内にサチさんのかつて暮らした家を再現しました。

入院前と同じように施設の周りを車いすで散歩して、伸びてしまった髪も切って、オムツも外して、お風呂にもゆっくり入って。大好きなプリンも少しですが食べられました。寂しくないように部屋にはいつも誰かがいて、思い出話をしました。

最期は笑顔の中で、スタッフに見守られて逝かれました。

〝食事ケアは相手を知ることから始まる〟

サチさんが教えてくれました。

本人の力は生かされているか、タイミング、ご機嫌はどうかと疑問に思うことが大切で、その中でどんな人なのか、どんな人生を歩んできたのか、何が好きで嫌いなのかなどを知ることができる。

すると、どんどんその人に合ったケアに育っていく。また、ケアの一つひとつがお年寄りにとって良くも悪くも大きな影響を与えることも教わりました。

一緒の時間を過ごし、体験を共有し、さらにその人のことを「知りたい」という気持ちで行動しなければ良いケアには繋がらないと思いました。

そして……。

時間はかかっても、家族のような関係になれる介護の仕事が、私は大好きです。

思いをくみ取って代弁する

食事ケアから、共に「ごはんの時間」を楽しむ関係に変化していったサチさんと職員Kさん。本質的な捉え方を理解しているかどうかで、行動やその人の暮らしの質も変わってしまいます。

人がご飯を食べない理由は一つではありません。

落ち込んでいたり、恋をしていたり、逆に失恋したり、日常が退屈だったり。嚥下《えんげ》や咀嚼だけに注目してリスクだけを把握し、食事形態を管理するだけではこれらの理由は見えてこないでしょう。

食事の支援で一番求められることは、食事介助のスキルではなく、なぜ食べないのかを探れるかどうかです。

お年寄りの思いをくみ取って代弁できるのは医師でも看護師でもなく、僕ら介護士です。一番身近にいる**介護士はお年寄りの「代弁者」**になれなければいけません。

それが、介護職の「存在証明」だと僕は思います。

もう一度言います。

食事はその人らしさの象徴です。

100%でなくとも一人ひとりの嗜好や生活歴、その日の体調に合わせた食事の提供を目指すことが介護3・0です。

サチさんとKさんのエピソードは、僕に必要なことは地位とか名誉、称賛ではなく、**〝自分と同じ考えで行動してくれる仲間〟**だと教えてくれたのです。

認知症は、問題行動ではなく「個性」と捉える

認知症は、介護3・0の捉え方が生かされる代表的なケアの一つです。

認知症――。皆さんはどんなイメージを持ちますか。

物忘れ、暴言、暴れる、徘徊など。

真っ先に良いイメージが浮かぶ人は、ゼロに近いと思います。しかし、ネガティブなイメージのままでは良いケアができるはずがありません。

その病気をどう捉えるか。

本質的な介護をするための一番大切な第一歩です。そうです。介護3・0的捉え方が最大限に生かされます。

介護3・0の視点で認知症の人と接すると、「**自分の感情に純粋に生きている人**」「**今を全力で生きている人**」と捉えられます。

むしろ、僕たちの方が周囲の目ばかりを気にし、自分の本当の感情を押し殺して窮屈に生きているのではないかと感慨深くなります。

僕たち介護士は、医師や専門家ではないので、「○○型認知症」で「どんな症状」「どんな問題行動」があるかなど、医学的理解は最重要ではありません。

身近にいる僕らがマイナス要素の抽出ばかりしていては、認知症のお年寄りは確実に不幸になっていきます。

どうすればいいか。

何回も同じ発言、質問を繰り返す、執拗な要求に対してよく言ってしまいがちな「あとでね」「今度ね」という対応は逆に不安、不穏を引き起こしてしまいます。

介護3・0の視点で「今を純粋に生きる人」と捉え、どんな症状であろうが「**あなたの味方です**」「**あなたが好きです**」という思いを行動で示します。

思いが伝わって信頼関係を育めれば、「その人らしさ」をより深く理解して、ケアに落とし込むことができます。

行動の原因と理由を探る

さらに、介護3・0では**「問題行動」は「シグナル」**と捉えます。

物忘れ、暴言、暴力、徘徊などの行為を「問題」と捉えると、問題行動自体が主語になり本人の個性が置き去りにされてしまいます。

夜間徘徊する人を「問題」と捉えると、自由に出入りできないように部屋の鍵をかける、見回りを強化するなどといった「問題行動」を起こさないための対策になってしまいます。

「シグナル」と捉えるとどうでしょう。

なぜ、夜間に外に出たくなるのだろう、と考えます。

関係性を築き、本人について理解を進めていくと、例えばですが、本当は昼間に一人で出掛けたいが許されない。だから、職員の人数が少ない夜間にこっそり外に出てしまうという原因、理由が見えてきます。

「問題行動」でも何でもありませんよね。理由がわかればあとは行動あるのみです。比較的、職員が多い昼間に自由に外に出て活動してもらいます。すると、欲求が満たされ、活動で適度な疲労感を得た本人は、夜はゆっくり室内で過ごすことができるようになるでしょう。実際にあったケースです。

外に出ようとするお年寄りを必死に説得して止めるより、同じ時間でお年寄りとドライブに行った方が絶対に効果があります。充実感があります。お互いに輝けます。

「認知症の人」と捉えず、「個人」としてきちんと向き合う。

「自分には何ができるだろう」と考える。行動する。

すると、本人すら気づかない、本当に求めていることが見えてきます。

そして、さらに実行する。

これが僕の考える「**サービスの本質**」です。

個別のニーズを軸に目的に目を向ける

112‐113ページの表を見てください。

入所から看取りまでのお年寄りの気持ちの変化を、あくまで例として挙げています。

いかがでしょうか。

気持ち、ニーズは常に変化していき、それに伴って関わる各専門分野に求められる目的も変わるということです。

例えば50人のお年寄りが入所している施設であれば、50人それぞれが入所期間、タイミングにより別の気持ちのフェーズにいて、別のニーズを発しています。

従って、**画一的、統一化された介護が適合しない**ということは明らかです。

個別ケアの重要性がおわかりいただけたと思います。

個別ケアはオプションではなく、むしろ主、介護の軸としてシステムや業務を組み立てるべきなのです。

そのためには、やはり**目の前のお年寄りの個性を知ろう**と思うことが大切です。

しかし、実際に限られたスタッフで多くのお年寄りを見なくてはいけない状況が大半を占める現状の中、「そんなの無理だよ」「理想論」という人は多いと思います。

確かに100%やり切ることは理想論になってしまうかもしれませんが、逆に言うと即諦めて画一的なケアをして良いということになるのでしょうか。

手段ではなく、目的に目を向ける

本質的ケアを貫くためには、まず、「個別ケアをやろう」というビジョンを持つ。

それを共有して、今できることを探す。

そうすれば、「あの時間ならできるよね」「この勤務体制の時ならできるよね」「あの人が勤務してる時ならできるよね」とアイデアは必ず生まれるはずです。

0か100の思考では何も生み出せません。

10、20、30でもできることから生み出していけばいいのです。

「個別ケアをやろう」がチームの指標にあれば、「手段」ではなく、「目的」に目が向いていれば必ずできます。

「シフト」「業務」「ケア方法」は全て手段です。

目的は「何を望んでいるのか」「自分は何をやらなくてはいけないのか」「何のためにやるのか」です。

お年寄りから発せられるニーズやシグナルに対して、自分の立ち位置を理解して、**「何をやらなくてはいけないのか」**を見つけることが、プロとしての個別ケアの第一歩です。

手段が目的の上に行くことは絶対にありません。

手段に目を向けて目的を見失うことはあっても、目的に目を向けて手段を見失うことは絶対にありません。

だから僕は必ず、**最初に目的を捉える**ようにしています

<table>
<tr><th></th><th>医療</th><th>環境</th><th>食事</th><th>家族</th></tr>
<tr><td></td><td rowspan="2">望む医療を
理解把握する</td><td>家にいた頃の
生活を考えた
環境づくり</td><td>食生活
（嗜好・時間・場所）
の把握</td><td>家族環境・家族の
ニーズの把握</td></tr>
<tr><td></td><td>人的環境のサポート
（友達づくり・
交流の場）</td><td rowspan="2">人的環境のサポート
（友達づくり・
交流の場）</td><td rowspan="2">家族への情報の提供
自施設の介護の共有</td></tr>
<tr><td></td><td>その人らしい
医療の構築</td><td>生活に合った
環境づくり
（生活動線）</td></tr>
<tr><td></td><td>元気になるために
医療が
できることを探す</td><td>持っている力を
最大限に
引き出せる環境づくり</td><td>元気になる食事の提供
（食べ物・自助具）</td><td rowspan="2">元気になることを
共に目指せるような
家族との関わり</td></tr>
<tr><td></td><td rowspan="2">背中を押してあげる
医療
（チャレンジを
応援する）</td><td rowspan="2">自分で自由に
楽しめる
環境づくり</td><td rowspan="2">食事を通して
楽しみを見出す
（思い出の味・料理・
イベント）</td></tr>
<tr><td></td><td rowspan="2">本人の想いを
叶えるため
家族としっかり
向き合う</td></tr>
<tr><td></td><td>想いを理解し医療を
見直す</td><td>状態に合わせて
スムーズに
環境を見直す</td><td>その人の状態に
合わせた
食生活の見直し</td></tr>
<tr><td></td><td>想いをくみ取り
その仲介を担う
医療</td><td>思い出の詰まった
その人らしい
環境を作る</td><td>より個別性を
重視した
食事の提供</td><td>本人の状態を家族が
受け入れ前に進める
ようなサポート</td></tr>
<tr><td></td><td>その人に寄り添う
医療
（緩和ケア）</td><td>皆（家族）が
会いに来られる環境
（キレイ・温かい）</td><td>最後に残された
唯一の楽しみとしての
食事の提供</td><td>家族が悔いの
残らないような
看取りができるように
サポート</td></tr>
</table>

お年寄りの気持ちから考える個別ケアについて

	お年寄り	介護	
入所時	自分をわかってもらいたい	理解できるようなケア （生活を探る介護）	
	信頼できる人が欲しい	担当者を中心とした 個別ケア （生活を共有する介護）	
	自分らしい生活がしたい	個性を引き出すケア （一緒に生活を 創造する介護）	
	元気になりたい	可能性を引き出すケア （できることを 増やす介護）	
	生活に楽しみが欲しい	きっかけを作るケア （一緒に探す介護）	
	生活に生きがい・やりがいが欲しい	夢を叶えるケア （一緒にチャレンジ する介護）	
	うまく伝えられなくなっても、 思い・訴えをわかってほしい	想いを支えるケア （一緒にもがく介護）	
ターミナル	信頼できる人に寄り添ってもらいたい	僕たちの想いを 伝えるケア （一緒に受け入れる介護）	
看取り	大好きな人たちに囲まれて、 自分らしく過ごしたい	今できることを 皆でやるケア （一緒にいる介護）	

第4章　介護は生活に寄り添う

介護3・0の自分らしい生活

与える側でい続けられ、居場所のある生活

「年を重ねた」「疾患を抱えた」「施設に入った」などさまざまな理由で〝自分らしい〟または〝幸福感・充実感が得られる〟生活、暮らしを奪われてしまうお年寄りは少なくないでしょう。

では、**「自分らしい生活」「幸福感が得られる生活」**とはどんな生活でしょうか。

本章では、介護3・0が目指す、「お年寄りが輝くための生活、暮らしとは何なのか。その生活をどのように守り、取り戻し、または、生み出すのか」を、実際のエピソードを通して紹介します。

人が幸せに感じるときはいつ、どんな時だと思いますか。

最高の技術で介護され、上げ膳据え膳で不自由ない生活を送ったとしても、人は本質的には満たされないでしょう。

100人のお年寄りを看取り、感じたことは、**人は誰かに何かを与えているときに充実感が満ち、役割や居場所を得た時に生きがい（存在意義）を実感し、真の幸福を感じる**のだということです。

「新」の敷地内には誰でも利用可能なカフェ、レクリエーションやワークショップなどが行える広間があり、「TEPPEN工房」という木工をメインにしたモノづくりの場所もあります。

主に男性陣が好きな時間にDIYをとことん楽しむ〝男の遊び場〟です。

初代工房長を務めた大林さん（仮名）は「新」開設当初からの住人で、以前いた病院ではウロウロ歩き回る、他の人の部屋に入ってしまうなどの行為が問題視され、家族が何度も病院に呼び出されていました。

「新」に入居間もなくはガリガリに痩せて覇気も無かった大林さんでしたが、一日の大半を工房で過ごし、初めて作ったポストが他の入居者、スタッフから喜ばれ、大絶賛されました。

大林さんはますます意欲的に廃材を活用したコースターやミニ本棚、テーブルなどを夢中で制作し、併設のカフェで販売もするように。それに伴って身体的にも精神的にも家族が驚くほど生気に満ちあふれていきました。

大林さんは木工作品を作りだすことで他者に称賛され、販売し、新作を求められることで「役割」を得て生きがいを感じたのでしょう。

他者から認められる達成感、やりがい

リハビリや治療だけでは本質的には元気になれません。

心を動かすケアが必要です。

僕たち介護のプロが優先すべきは「心を動かす」。その中の一つが「与える側でい続けられる生活・居場所がある生活」をお年寄りと一緒に探す、作るということです。

65ページの「与える側」でいられるきっかけ、環境づくりの3つのポイントをさらに具体的に押さえれば良いのです。

①お年寄りの今できることを見極める
（身体的、精神的に可能な行動、作業、行動範囲など）
②お年寄りの昔の仕事、趣味などを探る
③お年寄りが周りから褒められる、求められる状況、機会を作る

①、②は介護３・０の視点を生かし、カルテ上のマイナス面ではなく生活を共にする中でできること、得意なこと、または職歴、趣味などをプラス面として捉えていくことが重要です。

最も大切なのは③です。その人が他者から認められて達成感、やりがいを感じられるような環境設定、プランニングをして、さらに創造、披露するモノ・コトのクオリティー（質）にもこだわっていかなければなりません。

福祉施設や福祉関係の団体が作る作品、製品はクオリティーが後回しになりがちですが、福祉こそこだわるべきです。

理由は明確。感動し、称賛する人が増えれば増えるほど、達成感、やりがいが何倍にも膨らんでいくからです。

最後に介護する側として、介護のプロとして重要なのは、**一緒に探して、一緒に見つけて、一緒に行動する**ことです。

共に探して、見つけて、挑戦し、また探す。

そして寄り添ってきたお年寄りが輝いた瞬間、介護の仕事自体も輝き、従事するプロの皆さんの「居場所」を見つけることに繋がります。

◎エピソード：5　「皆が料理の先生」

「新」の厨房では入居者も働いています。家庭科の教員をしていた人なので、お手伝いではなく先生として厨房に入っています。

また、子連れ出勤ができる職場なので、職員の子どもにお年寄りの皆さんが料理を教える光景も頻繁に見かけます。

ご夫婦で入所している場合、自由に使える共同のキッチンで奥さんが旦那さんに料理を作ります。

料理を教えて感謝され、料理を作って「おいしい」と感動される。

厨房、キッチン、ダイニングは笑顔で輝く人であふれています。

◎エピソード：6　「LIFEとWORK」

「新」にはDIY工房と農園があり、併設のカフェでお年寄りが制作した木工製品を販売し、育てた野菜を調理して提供しています。さらに、地元下野市の廃棄物回収業者「国分寺産業」と共同で、生ごみや落ち葉などの有機物を微生物の働きで分解させて堆肥にする廃材を使った木製のコンポストも製作しています。

戦後の日本を復興に導いたお年寄りが「廃材を再生し、ごみを再生し、土を作る」。そして、廃材コンポストについて幼稚園や小学校に教えに行くこともあります。

ＬＩＦＥ（暮らし）とＷＯＲＫ（仕事）が交ざり合い、お年寄りは自然と与える側にいられます。喜びに満ちています。

その姿を見て、その環境やシーン（場面）を作る僕らも与える側であり、与えられる側でもあることを実感する今日この頃です。

give&give、信頼関係のある生活

まず、エピソードから紹介させてください。

◎エピソード：7　「与え合いっこ」

施設を自分の家と思ってくれている五渕さん（仮名）が体調を崩して入院しました。「早く帰りたい……」

担当職員で20代のKさんはほぼ毎日面会に行きました。僕も五渕さん家族、病院と相談し、早期退院に向けて計画を練りました。

退院の日、迎えに行くと五渕さんは満面の笑み。翌日、お世話になった職員、家族にお礼がしたいと施設のキッチンでお赤飯30人前を炊き、一人ひとりにお礼を言いながら配って歩きました。

感動した僕らはサプライズで退院祝いを企画。訪問美容を依頼し、入院で伸び切ってしまった髪をきれいにしてもらいました。五渕さんは大変喜び、さらに、お礼がしたいとKさんと美容師さんにランチをごちそうしたのです。

僕らプロの介護士の仕事は「お年寄りを輝かせ、元気にすること」です。しかし、与えても、与えても、それ以上の喜び、充実感をいただいてしまいます。

◎エピソード：8 「60歳差のトモダチ」

五渕さんが百寿を迎え、お祝いの会を施設で開きました。五渕さんは、「100歳まで生きられたのは皆のおかげ。私が感謝を伝えるために皆に集まってもらったの。皆にお赤飯を振る舞いたいの」と、さらっと言いました。

五渕さんは「新」に5年前に入居し、家庭科教師時代のスキルをスタッフに伝授してくれました。ある年の秋にターミナル期に入った五渕さんをサプライズで仙台旅行に連れて行くと、後日、「今度は私があなたたちをスキーに連れて行ってあげたいの」と。また別の日には「今までたくさんの友達に囲まれてきたけれど、『新』で出会った友達が一番良い友達よ」と、うれしそうに話してくれました。

五渕さんは、僕たちを友達と思ってくれていたのです。だから、「持ちつ持たれつ」「ｇｉｖｅ＆ｇｉｖｅ」の関係であることは当たり前のことだったのです。五渕さんのエピソードは、**介護3・0の目指すべき生活は「ｇｉｖｅ＆ｇｉｖｅ」「共存」**であること、「信頼関係」の構築が不可欠であることを教えてくれています。

信用、信頼の関係性が大切

信頼関係を一朝一夕で築くことはなかなか難しいですが、介護の現場で培ったある方法があります。

それは、**予想を超えたサービスの提供**です。

わかりやすく言うと「サプライズ」です。

なぜならば、利用者やその家族は「ここまではやってくれるだろう」とある程度の予測を立ててニーズを発信します。その予想を超えることで、「こんなに深く考えてくれていたのか」「普段からよく見てくれているのね」と「信頼」「信用」が蓄積されていくからです。

「ラーメンを食べに行きたいというニーズに、ラーメンを食べに行った帰りに長年行けなかった旦那さんのお墓参りにも連れて行く」「部屋に棚を置きたいというニーズに工房で作ったオリジナルの棚をプレゼントする」「ナースコールを頻繁、過剰に押す人にコールがない時に会いに行く」など。どんなに小さな、細かいことでもいい。サプライズのチャンス、**「信用」「信頼」を得るチャンス**は無数に転がっています。

職員間でも同じです。部下の「〇〇の取り組みをしてみたいです」という申し出があったとします。これも「信用」「信頼」を得るチャンスです。そのアイデアを最大限に生かす、その部下の予想を超える提案をします。

例えば、「もっと入居者と外出がしたい」と訴えた職員に、「じゃあ、施設内に架空の旅行会社を作ろう」と提案します。アイデアをくみ取られた職員は驚きつつも感動し、さらに意欲的に楽しみながら仕事に取り組んでくれるでしょう。

介護の仕事の本質は、関係性を築けているか否かにあると思います。「ｇｉｖｅ＆ｇｉｖｅ」の関係にあるとき、人は対等な関係にあると言えるでしょう。この関係性を築ければ、高齢者虐待は絶対なくなるはずです。

お年寄りを主語にした、元気になる生活

介護士は施設に入居したお年寄りの現状の維持、または衰えるスピードをわずかでも抑えるだけで良いのでしょうか。現場に出た以上、僕らはプロです。どの業界、職種でもプロは現状より上を目指すべきだと僕自身は動いています。

つまり、目の前のお年寄りが「より元気になる」介助を目指すべきです。

お年寄りを主語にデザインする

お年寄りを元気にするキーワードは「**自由**」です。

「やっていい」「きっかけがたくさんある」「選択肢のある生活が送れる」「やってみよう」と能動的な生活になり、生気に満ち、元気になるはずです。

そのために必要なのが、お年寄りを主語にしてデザインされた環境です。

病院や施設で食堂の真ん中や廊下の中央にトイレがあるのはなぜでしょう。

病院や施設の廊下が真っすぐなのはなぜでしょう。

答えは、「職員が見守りしやすいように」です。

職員が主語のデザインです。その中で生活するお年寄りは、周囲の目が気になってトイレに行きづらかったり、真っすぐで突き当たりが見えている廊下は、興味が湧かず歩く気になれなかったり。生活意欲が低下してしまいます。


では、お年寄りを主語にしてデザインしてみましょう。

・こっそり入れるトイレがたくさんある
⇩**好きなタイミングで気兼ねなくトイレに行きやすくなる**
・廊下がランダムにカーブし、幅もばらばら
⇩**興味をそそられて廊下を歩きたくなる**

お年寄りが元気になる仕組みがふんだんにちりばめられています。例えば、お年寄り用のランドリースペースを作るだけでも、「自分で洗濯しよう」と元気になるきっ

かけを生むことができます。

もちろん安全面も重要ですが、主語をお年寄りにして「自由に行動できる」「行動したくなる」「行動のきっかけを作る」というメッセージを込めたデザインをしていくことで、生活の中に「できること」が増えて、励み、喜びになり、元気になります。

結果、お年寄りの自立度が増すことで、職員にとっても自由に使うことができる時間が増える。ケアの質が向上するといった効果に結びついていきます。

日常生活行動が一番のリハビリ

最高のリハビリを週2回受けたとしても、その他の日常生活がベッド上であっては時間がかかりますし、なかなか本質的には元気になれません。

持っている力（立つ力・座る力・前傾になる力・握る力・踏ん張る力・足を床につける力）を最大限に引き出す介助を受けて、起床、食事、排泄、入浴、就寝といった日常行動をとることの方が、継続性があり、より早く効果が期待できます。毎日、リハビリをしているようなものです。

例えば、食事の際に車いすから椅子に移乗するとします。すると、そのお年寄りは1日3食で計6回、毎日、生活に沿ったリハビリができます。生活を共にする介護士にしかできないリハビリです。

プロの介護士は、お年寄りの両脇を持って「よいしょっ」と持ち上げません。そもそも、人はそんな立ち方をしません。

目の前のお年寄りに合わせた、生理的動作に沿った技術が必要になります。お年寄りを一くくりにした画一的な介助をするのではなく、一人ひとりに合わせて僕たちがその人にとって最適な技術を提供することが重要です。

お年寄りは変わりません。お年寄りが僕らのケアに合わせて変わるのではなく、お年寄り一人ひとりに合わせて僕たちがケア方法を変えるのです。

「生活の中で自分の可能性を引き出す介助をしてくれる」
目の前のお年寄りは必ず元気になります。

※僕は青山幸弘氏の「楽ワザ介護術」を推奨しています。

エピソードを紹介します。

◎エピソード：9　「想う」

益子さん（仮名）はオムツ着用、寝たきりの状態で「新」に入所してきました。メインでケアすることになったKさんは当時、調理員。介護の資格も経験もありませんでした。

ある程度の経験やスキルがあれば、益子さんはもっと自立できるようになるという予測がつきました。でもKさんは経験ゼロで知識も技術もありませんでしたが、「益子さんを元気にしたい」という想いだけでケアし続けました。

益子さんはやがて歩けるようになり、オムツも外れ、布パンツとパッドになりました。トイレも座れるようになりました。

ある日、Kさんが「益子さんのパッドを外したい」と言い出しました。反対するスタッフもいましたが、Kさんの益子さんに対する想い、情熱は、どのスタッフよりも強かったため、僕はKさんの意見を受け入れました。

僕は〝一番想いが強い人に乗っかる〟と決めています。Kさんはただ益子さんが大好きで、ただ一緒にいたいだけ。介護者・被介護者、職員・利用者という枠は超越していました。益子さんと一緒にいることが楽し過ぎて、厨房の仕事を忘れてよく怒られていました。

Kさんの献身的なサポートで益子さんはパッドを着ける必要がなくなりました。

ここでのポイントは、Kさんは「介護した」と感じていないことです。

介護のプロとは全く異なる「想い」を最優先したKさんのやり方は、僕の想像も及ばない効果を生み出したのです。

益子さんがターミナル期に入ると、ご家族は延命を望まず、「新」での看取りを希望しました。ご家族は「まさかオムツが外れて歩けるようになるなんて思わなかった。『新』そしてKさんには心から感謝しています」と言ってくれました。

益子さんが食事もとれなくなったある日、Kさんは「お風呂に入れてあげたい」と言ってきました。僕の経験上得たポイントと注意事項さえ押さえれば、ターミナル期のお年寄りを入浴させることは不可能ではありません。

ただしKさんにはスキル上の保証はない。あるのはただ「想い」のみです。

「益子さんを最期まできれいでいさせてあげたい。約束したんです」

不慣れだけれど丁寧に、想いを前面に出して入浴介助する姿に、僕は嫉妬すら感じました。


益子さんはその2日後、旅立ちました。

斎場に向かう途中、Kさんは、ポツリと言いました。

「落ち込んでいる場合ではないっすね」

僕は、落ち込んでいるヤツのコメントだな、と心の中でツッコミを入れつつ、こう伝えました。

「人が亡くなると、今まで自分がその人にしてきたことがちっぽけに感じて、自分の不甲斐なさが押し寄せてくる。ほんと、あっけなく感じるだろ。亡くなるってそういうものなんだと思う」


介護の仕事をしている以上、目の前のお年寄りはいつか亡くなるという事実からは逃れることはできません。むしろ、立ち向かうことも許されないのかもしれません。

けれど、その人をどれだけ想い、行動できたかは残ります。

お年寄りの生活を「想う」
お年寄りの命を「想う」
職員の家族を「想う」
職員の未来を「想う」

介護の本質は、実は極めてシンプルで、「その人を想う」ということなのかもしれません。

最期までその人らしい生活（ターミナルケア）

病気で余命がわずかになった人に対して行う、医療・看護的、介護的ケアのことを**「ターミナルケア」**といいます。

余命を少しでも心穏やかに過ごせるように痛みや不安、ストレスを緩和し、対象者の「自分らしい生活の質（クオリティオブライフ＝ＱＯＬ）」を保つことを目的としています。

これから説明する終末期のケアは、介護施設で行う**「看取りの介護」**です。

ターミナルケアとは、「医療対応か」「介護対応か」という点が異なります。ターミナルケアが点滴や酸素吸入などの医療的ケアが中心であるのに対し、看取り介護は、食事や排泄、入浴の介助など、日常生活のケアが中心になります。

僕らが行う看取りの介護の目的は、**最期までその人らしくいられるための生活を援助すること**です。そのため、ターミナル期に入る前から信頼関係を構築し、何気ない日々の生活の中からその人のやりたいことや思いを把握し、叶えたい夢があれば、その夢の実現のために担当者の枠を超えて多職種チームでサポートしていきます。

入所からエンゼルケアまで

【1】日常の関わりの重要性と関係づくり

関係性の構築は、入所（入居）時から始まっています。入所前の生活や家族関係、交友関係、思考、願望などの記憶が鮮明なうちに、自分の思いが伝えられるうちに、「何がしたいのか」「誰に会いたいのか」「どこへ行きたいのか」などを聴き出しておく必要があります。日常のケアで「その人のことを知りたい」と意識して関わることが重要です。

【2】アセスメント（事前評価）、ニーズの把握

食事、排泄、入浴の日常の介護からコミュニケーションをとることはもちろん、

散歩や外出、趣味の時間に付き添うなど、共有する時間を多く持つことで心を許し、秘めていた思い、やりたいことを教えてくれるようになります。それに応えていくことでさらにお年寄りは心を開き、本人の本当のニーズ、やりたいことを明かしてくれます。

【3】家族との関わりから思いをくみ取る

とりまく「家族」はさまざまです。夫、妻、子ども、孫、兄弟から友達やペットまで。残された人たちが後悔しないよう、介護士は本人と周囲の人たちが意思疎通を密にできるような環境、状況を設計していく役目があります。面会や連絡の際など、こちらから積極的にコミュニケーションを図り、家族や親しい人たちとも信頼関係を構築し、「してあげたいこと」を聴き出します。

【4】家族と連携を図り実行

僕のケア実績から見て終末期を迎えたお年寄りの要望として多いのは、「家に帰る」「家族に会う」「友達に会う」「思い出の場所へ行く」などです。一般的にターミナル期であれば外出自体が危険行為です。本当に不可能なのでしょうか。先にも書いたように、介護3・0において終末期であろうがなかろうが、「夢を叶える」が大前提です。しかし、本人と介護士だけではできないことなので、家族や周りの親しい人たちの協力が必要です。また状態も不安定なため、医師、看護師など他職種のサポートも不可欠です。チーム戦です。そのため、それらの人たちの協力が得られるよう、心を動かせるよう、お年寄りの言えない思いや伝えたいことをくみ取り、代弁することが介護士の重要な役割です。

【5】湯かん

湯かんとは、死後に入浴または清拭（体を拭く）をし、体を清めることをいいます。清拭だけで済ませる場合も多々ありますが、僕らは家族の希望を確認し、希望があれば家族も一緒に死後の入浴のお手伝いをしていただきます。技術的には、生前とは異なり全くの脱力状態のため特に頭部を支えるといったケア上、お年寄りやご家族の宗教、風習上の留意点はありますが、概ね入浴方法は従来と同様に行います。重要なのは、「最期の介護」として入浴スタイルも生前の生活の流れを尊重することです。さらに、家族も参加することで、家族自身にとっても最期の孝行、恩返し、悲しみとの対峙《たいじ》、振り返りができる貴重な時間となるはずです。プロの介護士である僕らは、そこまでを見据えて、入所時からアセスメント、ニーズの把握ができていなければなりません。

【6】エンゼルケア

エンゼルケアとは、死に化粧、死後処置のことで、「エンゼルメーク」とも言われています。死者をお別れの儀式、旅立ちにふさわしい姿に整えるため、生前着ていた服、または本人が最期に着る服として希望していたものを着せ、化粧を施したり、闘病の跡や傷口をカバーしたりします。

これら最期のケアは、死者の尊厳を守る処置であると共に、残された家族の**「グリーフワーク」**（**悲しみを癒やす過程**）の一つとしても重視されつつあります。「自分の手で最期のケアをしてあげられた」という納得感や満足感が得られ、死を受け入れる心の準備ができます。

また、担当介護士、関わった職員などが、お通夜などでその人の生前の話をする。家族の知らなかった一面やその人の家族への思いを伝えることで、さらに家族のグリーフワークを進展させることもできます。

◎エピソード：10　「期待、信用、覚悟」

「新」の入居者の梅さん（仮名）は、ある年の年末に脳梗塞を発症し入院しました。意識が戻らないまま、病院で新年を迎えました。

年が明けてしばらくして、梅さんの娘さんから、最期は「新」で迎えさせてあげたい、と伝えられました。

施設では医療行為に限りがあることを説明しても、「全て承知しています。『新』に戻れば、母らしい最期が迎えられます」と揺らぎはありませんでした。

目には期待の光が射していました。

梅さんに病院で年越しをさせてしまったことに後悔を感じていた僕は、「新」で看させていただくことに決めました。娘さんは「ありがとうございます。ありがとうございます」と何度も繰り返していました。

医師の「無謀だ」という声を振り切っての退院。この時点でこの決断が正解か不正解かはわかりませんでした。ただ言えることは、娘さんをはじめご家族の皆さんがとても喜び、僕らを信用してくれているということ。

「期待に応えたい」「最期まで梅さんらしくいられるよう、チーム『新』で、全力で看たい」――僕の覚悟は一層強固になりました。

「新」に戻ってきた梅さんの意識はほとんどなく寝たきり状態でしたが、毎日旦那さんと会い、リクライニング車いすで散歩をし、大好きなお風呂に入って、カフェでアイスを食べて過ごしました。

梅さん自身から感想を聴くことはできませんでしたが、ご家族は「本当に、本当に『新』で良かった」と何回も何回も言ってくれました。これが、梅さんの「答え」なのかもしれません。

梅さんはご夫婦でお風呂が大好きでした。僕らは、ご夫婦での日帰り、貸し切り温泉旅行を企画しました。でも、それはかなわぬまま、梅さんは旅立っていきました。

「先週、行っていれば」「3日前に行っていれば……」

結局、最後まで、最期まで、全てをやり切れなかった。これも一つの「答え」です。

100人のお年寄りを看取る度に、100様の命と向き合う度に、自分の無力さ、不甲斐なさに苛まれます。その度に僕は痛感します。

「もっとスキルを身につけなければいけない」と。そして――


〝介護に「正解」はないが、「答え」は必ずある〟


100様の「答え」に向き合い、次の「命」のケアに繋げる。

現場に生かさせていただく。

この繰り返しが介護3・0を創り、これからも成長させていくのだと僕は思います。

「やり続けるしかない！僕は、介護のプロだから」


お年寄りの皆さん、ありがとう。

「余白」の可能性

「新」の敷地内には「Café くりの実」というカフェがあります。

予約なしではなかなか入れない人気店です。

そもそも、なぜ老人ホームにカフェを併設したかというと、〝狭い居住空間にパイプ椅子を出して、気まずそうに会話してそそくさと帰る〟から、〝**お年寄りがカフェに家族を招待し、おいしい料理やケーキを囲み、ゆっくりと会話を楽しむ**〟環境にしたかったのです。

お年寄りはカフェに招くことで与える側でいられ、家族も行きやすい理由ができます。さらに、地域の人にも使ってもらい、新しい繋がりを作れるようにしました。それが実現できたのも、カフェの料理長・川津竜太さんがいたからです。

野菜が食べられない僕は、理念、コンセプトだけを伝えて川津さんを信頼し、全てを任せました。川津さんは「任された」を「自由」「やりがい」に変え、「自分の店」として捉えてくれました。

料理、空気感、川津さんの人柄、「新」の魅力を少し垣間見られる無二の空間を創り、人気店に仕上げてくれました。僕の愚痴も野望も聴いてくれる心の拠り所です（笑）。

2018年のある日、川津さんから「自分はずっと音楽が好きで演奏とかやってきたので、カフェで音楽イベントを開きたい」と、話がありました。もちろん全力で乗っかりました。

結果、最高に楽しくて「音楽の力ってすごいなぁ」と実感できました。お年寄りも**〝当たり前に音楽がある生活〟**を体感できて最高の笑顔でした。

何より川津さんが「やりたいこと」「自分にしかできないこと」を形にしたこと。「余白」を「可能性」にした瞬間に立ち会えたことがうれしかったです。

まさに、皆で輝く――。

モノにも空間にも、人にも組織にも、「**余白**」は必要です。

それを楽しめると「**可能性**」になる。

これからも余白ある生活、社会を創って、生きていきたいと思います。

教えてくれた川津さん、ありがとう！

第5章　介護のプロの在り方

介護3・0の捉え方で実践する

従来の考え方をやめて、創意工夫する

第5章は、さらに介護士やケアする側の視点から介護3・0的捉え方、実践方法を詳しく説明していきます。第3章と重複する部分はありますが、介護する側の捉え方の違いが最も顕著に表れる「認知症」に対する捉え方の違いを挙げてみます。

【認知症】

《従来の捉え方》

何らかの原因で脳機能が低下したり、脳の細胞が死んだりすることによって、一度は獲得された脳の認知機能が継続的に低下することで、日常生活にさまざまな支障が出る病気。

《介護3・0の捉え方》

周りの目を気にしない、自分の感情に純粋になる。
「個性」＝今その時、一瞬一瞬を全力で生きている人。

【認知症ケア】

《従来の捉え方》

認知症状、問題行動を把握し、ケアや対策を考える。

・夜間徘徊⇓見回りで行動を監視し、鍵をかけ出られないようにする対策
・異食⇓周りに物を置かないようにする対策
・暴言・暴力⇓向精神薬や安定剤の内服を促す対策

これらは、負の要素として捉えるため、ケアの軸が「対策」になる。

《介護3・0の捉え方》

問題行動を問題ではなく「助けて」「私を見て」などのシグナルと捉える。また、「個性」と捉えることで興味、関心、あるいは長期的には友情、愛情に近い感情が育まれる。「あなたのことが好きです」「あなたの味方です」「あなたと一緒にいたい」といった感情をいかにケアし、行動に生かし、表現し、伝えるかを最優先で考える。

・シグナルの根源を探し、対策を立てるのではなくシグナルに対してどんなケアをするのかを考える
・介護者側の都合にはめ込むのではなく、認知症の人の世界にこちらが入り込み、その世界観に寄り添い、時間を共有する
・症状に目を向けるのではなく「できること」「残された可能性」を探す
・「否定・正す」ではなく「安心・共感」を重視したコミュニケーションを図る
・徘徊だろうと物色だろうと「その人らしいか」を見極め、なぜその行為に至るのかを考え、「その人らしさ」を思う存分発揮できる安全な環境を設計する
・社会から遠ざけるのではなく、社会と触れ合って生活することで、「内面」「外面」の切り替え、メリハリのある生活が認知症の悪化を防げる。その状況、場面を作る工夫をする

介護はクリエーティブ

このように、認知症の症状を「問題行動」と捉えてしまうとその人の個性は忘却され、症状への「対策」がケアの中心になってしまいます。抑制的なケアで症状は改善

するはずがありません。

むしろ、さらに欲求不満に陥り、症状が悪化。さらに抑制、さらに悪化。負の循環に陥り、ケアする側の精神労働の負担も増幅してしまうでしょう。

しかし、「個性」「シグナル」と捉えることで「なぜその人はその行為をするのか」という本質的な原因から探り、そして、どう**「個性を生かすか」「その人らしい暮らしが保てるか」**という創意工夫が必要なクリエーティブなケアに転換します。

お年寄りは「私を理解しようとしてくれている」と安心感、自己肯定感を得られるはずです。ケアする側はクリエーティブなケアにやりがいを感じるはずです。

お年寄りの行動にプラスの変化が生じれば、さらにそのやりがいが増幅し、介護という仕事自体に誇りを持てるでしょう。

皆さんは、どちらの介護を受けたいですか。したいですか。

さらに、「捉え方」を深掘りしていきましょう。

「介護用語」を捨てて、生きた言葉を使う

まず、介護業界の専門用語を使うことをやめるべきです。

病院や介護施設が申し送りや記録などで使う介護用語に「不穏」「活気」という言葉があります。

「不穏」＝穏やかな状態ではないこと。あるいは、暴言や暴力、徘徊、大声を上げるなど興奮状態にあること。

「活気」＝生き生きとし、生気のある状態。不穏とは反対の状態、落ち着いた状態。

「Aさんは昨夜、不穏プラスです」「本日Bさんは活気プラスです」というように用いられますが、これらの言葉からAさん、Bさんの具体的なその日、その時の状態をイメージすることができるでしょうか。

「職員が後番の職員に申し送りをした」ということ以外は何も残らない言葉です。恐らく職員同士の情報伝達をスムーズに行うために生まれた用語でしょう。

これでは、実践的なケアに繋げることはできません。

本来必要な情報は、Aさんが怒っていたのか、泣いていたのか、叫んでいたのか、喜んでいたのか、笑っていたのか。体はどのような感じで動いていたかなど具体的な体調や心の変化、様子です。

その上で、その時に行った対応や看護的処置、次の時間帯で行ってほしいことなどを伝えるべきなのです。

引き継ぎを受けた介護士にとって申し送りから得た情報が、その日のケアの起点、スタートになります。

誰のための申し送りなのか。**「一人ひとりを見る」「個別ケア」の基本**です。

画一的な介護用語ではわからない

逆のパターンもあります。

「〇〇ケア」「マネジメント」「アセスメント」「コミュニケーション」「信頼関係の構築」といった介護用語は、全て「お年寄りに対してとった行動」を指しています。

ところが画一的に介護用語に変換されたことによって、一番大切な「**一人ひとりのお年寄りを思って行動する**」という意識が薄れてしまいます。「その人を知る」「見る」という介護3・0の捉え方のスタートも切れません。

具体的にどんな様子を受けて、どう考え、どんな対応をし、どんな反応が返ってきたのか。お年寄り一人ひとりを知り、得た情報を職員間で共有し、次の行動に繋げることが必要です。

「**専門用語**」**ではなく生きた**「**言葉**」を日頃から意識して使いましょう。

「興味、愛情」でアンテナの感度を高める

「問題行動」を「個性、シグナル」と捉えることが重要と先述しましたが、個性、シグナルを見逃さないようにする僕らの感度が高くなくてはいけません。

その感度を高められる方法は一つ。

「目の前のお年寄りに興味と愛情を持つ」ことです。

職員に「シグナルとして捉えろ」と指示したとしても、職員が目の前のお年寄りに興味と愛情がないと機能しません。では、目の前の人に興味と愛情を持てるようになるにはどうしたらいいのか。

実は意外と簡単で、「**与える**」から「**もらう**」にシフトすればいいのです。

介護士は、介助、サービス、支援、ボランティア精神など「与える側」というイメ

ージ、固定概念が定着していますが、「与える側」という概念でのケアでは、精神的疲労が増すだけです。

お年寄りは、自分が行動したことに小さい大きいはありますが、リアクションを返してくれています。

食べ物を飲み込む時のじっくり味わうように大きく上下する喉仏の動きや、お風呂に入った時の気持ち良さそうな顔など。決めつけでも思い込みでも、**〝喜んでいる〟〝満足している〟**リアクションをもらっていると感じることが大切です。

リアクションを感じることで、さらにやる気にスイッチが入ります。与え合う、持ちつ持たれつの関係性になれば良いのです。

介護は双方向に与え合うこと

本質的には双方向コミュニケーションであるべきなのです。

与える方と与えられる方、弱者強者、介護する人とされる人という関係をグラデーション的になじませていければ、個人対個人になり、関われば関わるほど、リアクションを感じれば感じるほど、興味と愛情は増していきます。

すると、アンテナはおのずとさらに高くなり、感度が増していくはずです。

興味や愛情によって高められたアンテナでキャッチしたリアクションは、**ポジティブな解釈になり、ケアも前向き**になります。

例えば、失禁をしたお年寄りがいたとします。

「介護は与えること」と考える人は、「なんで漏らすの。言ってくれないとわからない」と、お年寄りに責任を置いてしまいます。

逆に「介護は与え合うこと」と捉える人は、「このタイミングでトイレに連れて行ってあげられず申し訳ない」と自分に責任を感じます。

捉え方によって、お年寄りに対するケアのアプローチが180度変わってくることを知ってください。

「当たり前」を疑って、原点に立ち返る

介護3・0の捉え方の根源は、そもそも僕が介護業界に入った当時の既存のルールやマニュアル、認識に「本当にこれでいいのか」「お年寄りも家族も、介護士も幸せなのか」と疑問を抱いたことに起因します。

周囲の多くの人は「当たり前だ」と疑う様子はありませんでした。いや、疑問を感じつつも日々の業務に追われ、その疑問に対峙する余地もなかったのかもしれません。

介護業界はマニュアルやルールだらけですが、大切なのは「**人が人を介護している**」ということです。

介護士がそのお年寄りを前にしたときに感じたこと、感性や感覚が重要で、ケアに

反映するためには「当たり前」という名の画一的な概念、ルール、マニュアル、対応が邪魔になってきます。

そもそも、この世に同じ人は一人としていません。

人を相手にする仕事に「当たり前」があるはずもないのです。

昨日決めたルールさえ今日変える必要がある場合も重々あります。それが「人を相手にする仕事」だと思います。

決められた当たり前やルール、マニュアルは「一つの手段」です。

大切なのは「理由」です。理由さえ明確になれば「**手段は自由**」。その当たり前を納得せずに受け入れる前に「理由」を探ることが大切なのです。

そうすれば自然と、「目の前のお年寄りを深く知ろう」と一人の「人」と向き合う介護になります。十人十色。新たな手段を見つけることができるはずです。

お客様ではなく、個人対個人

サービス業全体を捉えても、一般的には「お客様のニーズを把握してサービスを提供する」のがスタンダードな思考ですが、「**目の前のお客様に自分ができることを考え、提供する**」と捉えるとどうでしょう。

同じようですが、後者の方が積極性、率先性を感じませんか。

さらに、「目の前の」とあります。「お客様」というくくりではなく、あくまで対個人での捉え方になっています。個人対個人の接点、関係づくりの連続が全体を作り上げていく。

そのためには、まず自分に今何ができるか、何を習得すべきかなど自己と向き合う必然性が生じます。おのずと個人レベルの底上げになっていきます。

「当たり前を疑う」ことが、切り口を変える、捉え方を変換する起点となります。

いや、むしろシンプルに、「**当たり前**」**から**「**個**」**に戻る、原点に立ち返る**スイッチなのかもしれません。

「圧倒的な個別ケア」で個人に寄り添う

僕が施設長を務めていた介護付有料老人ホーム「新」は、オムツ着用者ゼロです。一人もいません。

多くの施設の場合、スタッフ会議において「**オムツ外し**」を議題に挙げると、「お年寄りにトイレに座ってもらいたい」「お年寄りを無理やり起こしてトイレに誘導するのはかわいそう」という賛否、両極端に分かれます。

反対派、賛成派の討論になりますが、大抵の場合はオムツ外し反対派の数が多く、賛成派は圧倒的に不利な状況に立たされます。

議論が進むうち、数的に不利な賛成派は説明、説得に疲れ、多数派の意見に同調せざるを得ない状況に。または、意見、趣旨への賛同は得られたとしても、個々の具体的事柄には異議を唱えられる「総論賛成、各論反対」に至ります。

結局は現場で生かされないという状況に落ち着いてしまう場合が多く見られるのです。「個浴入浴」に関しての会議も同様です。

オムツ外しや個浴が目的ではない

賛成か、反対かを問う議論は、時間の無駄です。生産性ゼロです。

では、どうすればいいのか。

会議の主語を、「お年寄り」に定めれば良いのです。

「オムツ」を主語にして賛成か否かを問うのではなく、会議のテーマを「○○さんを元気にするために話し合おう」にします。

オムツ外しを反対する人はいても、お年寄りを元気にすることに反対する人はいません。主語を個人にすることでケアの具体的なイメージがつきやすく、献身的、ポジティブな意見が引き出せるようになります。実際の行動にも移行しやすくなります。

ポイントは、オムツ外しや個浴導入が目的ではないということです。

ケアの本質「〇〇さんが〇〇さんらしく元気で幸せに暮らせるように」と考えた結果、オムツを外し、普通入浴を進めた方が良いという結論に至るのです。

業務改革ありきの議論も本質を得ていません。むしろ、「業務改革」という考え方自体がずれているのでしょう。

「オムツがなくなる→個浴導入→当たり前の生活に近づく」というゴールだけを見てしまうと、やはり画一的な、作業的な業務で終わってしまいます。新たな気づき、チャンス、価値を見出すことができなくなってしまいます。主語である「お年寄り」が置き去りになっています。

だから僕の捉え方の基本はゴールではなく、やはり「圧倒的な個別ケア」。

とことん個人に寄り添うことです。

ゴールがないので常に、「〇〇さんのために」走り続けることができます。

その人らしさの追求が介護士、自分自身のやりがい、成長に繋がることは言うまでもありません。

担当・業務より「相性とタイミング」を優先

「担当」「業務」があることを当たり前だと思っていませんか。

僕は施設長時代、業務を時間で分けて、業務担当に振り分けるといった指示はほとんどしませんでした。

食事や入浴の時間も決めませんでした。

「決めた方が働きやすいのでは」「自由過ぎても連携がとれないのでは」など、同じ業界で働く人ほど否定的な意見、疑問を投げてきます。

確かに連携がとりづらいという点は否めません。

しかし、僕の捉えている、重視している点は業務内容、担当、ケアの時間を決めないことではありません。

「お年寄りの相性とタイミングを最優先した介護をやろう」という点だけです。

何時から何時までが朝食。何番までが入浴担当というふうに決めてしまうと、**「圧倒的個別ケア」から逸脱**してしまいます。

空腹ではないのに食事をとり、好き嫌いにかかわらず、相性の良し悪しも関係なく入浴の介助をされなくてはいけません。

主語がお年寄りになっていないことは明らかです。ケアする側の効率化から捉えた結果のシステムなのです。

介護3・0はその逆です。お年寄り一人ひとりのタイミングや相性を見極めるために余計な業務を省いた結果、「業務や担当を決めない」というシステムに至っただけなのです。

理念を理解して共有できているか

「相性とタイミング」が理念であるならば、「業務を決めない」というのは手段です。理念に対してより最適な手段、方法が見つかればどんどん変えていきます。

理念が理解できているか、いないか。

共有できているか、いないか。

カタチのない「お年寄りの幸せ」を追求する僕ら介護職は、白黒でくっきり分けられない判断を強いられる場面が多々あります。

だからこそ、本質的な捉え方、理念の理解が重要になってきます。

捉え方、理念が定まっていれば、介護職にとどまらず、デジタル化やオンライン化などさまざまな変化に翻弄《ほんろう》されることもありません。

共感を超えて、「その人の世界」に入り込む

介護におけるコミュニケーションの基本として「**傾聴**」「**受容**」「**共感**」の３つが挙げられます。

単に〝聞く〟ではなく、お年寄りの心に寄り添って気持ちをくみながら〝聴き〟（傾聴）、否定や肯定もせずにありのままを受け入れ（受容）、温かく寄り添う（共感）。

認知症のお年寄りも然りですが、介護３・０はさらに、その人の世界に入り込みます。

「空襲が来る」と言われたら同じ気持ちになって、警戒したり、避難したりします。「空襲なんて来ないよ」と否定すれば、そこでそのお年寄りとの関係性は分断されてしまいます。お年寄りにとっての現実世界では襲撃が来るのですから。

認知症の人それぞれが作る、置かれている世界の登場人物になり切り、そのキャラ

クターで関係性を築けばいいのです。

あるお年寄りは、大半のスタッフに対しては極端なくらい腰が低いのに、僕に対してはお説教を始めます。

僕を会社で昇進できない不甲斐ない義理の息子と思っているのです。

僕は怒られているから介護士として職務を全うしていないと捉えられるかもしれませんが、**その人の世界で役割を持ち、内面を引き出せている証し**です。

好かれれば良いわけではないのです。

また、同じ人でも日によってキャラ設定や環境が異なることが少なくありません。

常に相手のことを見て、シグナルを察知し、キャラクター設定を変えます。

もし、コミュニケーションのとり方を誤ったとしてもすぐに別方向から攻めれば良いのです。

一番信頼できる役割を得る

切り替えのスピードが重要です。

介護に限らず、サービス業の本質です。上手にサービスを提供することより、自分の動きに対してのお年寄りのリアクションに敏感になって、すぐ違う引き出しを開けられるかどうかが重要です。

アンテナを高くして仮説を立て、お年寄りのその時々に変化する人格、個性に合わせていきます。

例えば、認知症の症状から暴れている人がいるとします。

その人は「自分以外は全員敵」という状況にあると仮説を立てます。ということは、「味方だよ」と伝えられれば、一気に心を開いてくれるはずです。「家に帰りたい」と言っているお年寄りにスタッフ皆が「明日ね」と諭す中、「今から帰らせてあげる」と少しでも散歩に連れ出せればその人にとって味方です。ヒーローです。

その人の世界に入り込み、**自分がその人にとって一番信頼できる役割にポジショニングする感覚**です。

初めから静止させるような言葉を発するより、少し時間はかかっても世界に入り込んで役割を得てからの方が話を聴いてくれます。

#「やる」前提で考える

ある年、「新」に入居している100歳のお年寄りと紅葉狩りに行きました。

車から紅葉を観て、外で一緒に作ったお弁当を食べ、そのお年寄りが勤務していた小学校を眺めて帰りました。

状態を考えれば「外出は無謀」と言われるかもしれません。

しかし、僕らの世代のその年の秋と、100歳が迎える秋は重みが変わってきます。最後の秋になるかもしれません。

「準備が大変だから来年にしよう」は通用しません。

「やらない」「できない」理由を考えるよりも、**「やる」前提で目的を捉えて「どうすれば実行できるか」を考える**方に時間を割くべきです。

目的は小さな目的の集合体です。

「どうすれば実行できるか」と検討していくと、目的は因数分解されて、細分化できます。

「外食」であれば、「外に出てリフレッシュしたい」「おいしいものを食べたい」ということ。「美容室に行きたい」は「伸びてきた髪の毛を切りたい」「似合う髪型を見つけたい」ということになります。

すると、こちらの小さな目的は実行できそうだと、「できる、できない」「0か、10か」ではなく、その間の3や7といった新たな目的を見出せます。

お年寄りにとっての楽しみの幅を広げることにも繋がります。

「**目的の中の小さな目的の発見**」はサービス業界全般に通ずる、ビジネスチャンスを生み出す捉え方です。

職種は捨てて、自分の居場所（畑）を持つ

介護士、看護師、栄養士、調理師、相談員、ケアマネジャー、事務員など介護施設にはさまざまな職種の人が働いています。

それぞれ必要不可欠で重要な役割ですが、お年寄りを主体とすると「職種」というタグはあまり重要ではありません。

職種というより「個人」。

「個人で何ができるのか」です。

介護3・0という理念の下、職種という枠にとらわれずに「あのお年寄りのために」と自ら考え、実践できるプレイヤーであるかどうかが重要なのです。

個を磨くためには、まず自分の居場所（畑）を持つ。

お年寄り同様に、自分のできること、やりたいこと、してあげたいこと、楽しいことを自らにも問い、自分の居場所を見つけましょう。見つけたら、それを全力で楽しんでやる。

人は楽しくなければ、やりがいを感じられなければ、どんなに他から見て尊いことでも続けることができません。

自分の畑を持てば、個性が生まれる

「自分の畑」を持つためのヒントをいくつか挙げてみます。

- 大好きな利用者がいる
- 自分のことを信頼してくれる利用者がいる
- 自分にしかできない仕事がある
- 自分の仕事、アイデアが周囲から認められる
- 目標、夢を持つ

決して難しいことではありませんよね。

これは、社会を生き抜くためにも大切なことだと思います。

個性が重要な時代で、「会社の畑」「上司の畑」を一生懸命に耕しても自分の「居場所」にはなりません。

植木鉢でもプランターでもいいから自分の畑を持つ。それが個性になりオリジナリティーになる。

そして、その畑に作物が実った頃に「居場所」になります。**「居場所」を持ったスタッフは、介護という仕事自体が好きになり、誇りになります。**

そう自覚することが目の前のお年寄りのためになり、必ずチーム、組織、会社を輝かせます。

ひいては社会全体に貢献する「人財」になるのです。

コラム〔介護3・0〕

そのひと言は許されない

僕が唯一禁じている言葉があります。

それは――「**ダメ**」、です。

例えば、僕がお年寄りだったとして、手づかみでご飯を食べていたとします。その時に介護士から「手づかみで食べたらダメですよ」と言われたら、僕は、「あなたに関係ないことですよね」と答えるでしょう。

介護士である僕らはお年寄りの個人の「生活」に入り込んでいる立場なのです。それを踏まえず、介護士が自分の価値観や正義感を押し付けて気分を害さないはずがありません。

だから、なかなか起きない、お風呂に入らない人がいたとしても「ダメ」は絶対に許されないのです。

サービス業全般に通ずることだと思いますが、「**立ち位置をきちんと理解しよう**」ということです。

第6章　本質的チームの作り方

介護3・0が考える人財と運営

「やりたい人」を応援するチームづくり

介護施設は介護士、看護師、栄養士、相談員などさまざまな職種の人が働いています。職種や資格は重要な役割ですが、僕たちのケアの主語は、「お年寄り」です。入所以前と変わらない環境での生活を過ごしていただくことを目指す以上、**形式的な「職種」は重要ではありません。**

決して専門的知識や技術が必要ないわけではありません。その知識や技術の使い方、いわば誰がどのような意志でどう使うかが重要なのです。

「目の前のお年寄りを輝かせるため」ならば、職種という枠にとらわれず、飛び越えて良いのです。

職種というカテゴリーで分けられた組織ではなく、一人ひとりが楽しく自立した仕事ができる組織であるか否か、実践できる環境であるかが重要になってきます。

だから僕は、**職員会議は自由参加**にします。参加人数が2、3人でも構いません。その会議内容、プロジェクトに興味、意欲がある人だけ参加すれば良いのです。そして、参加した職員にはきちんと決定権を持たせます。

施設の納涼祭やクリスマス会などのイベントを「持ち回りだから仕方ない」と義務的な実行委員会で行っても楽しい内容になる可能性は低いでしょう。

もし、「やりたい」と手を挙げる職員がいない場合は、チームリーダーのアイデア、プレゼン力が至らなかったというだけです。

そもそもリーダーは教育者ではないのですから、教育や指導よりも経験できる場、きっかけづくりに徹するべきです。

職員の「やりたい」を全力で喜び、応援し、最高の達成感を一緒に味わう。**「大変だけれどお年寄りが喜んでくれた」「楽しい、もっとやりたい」という成功体験**をたくさん積ませてあげる方に労力を費やすべきです。

成功体験が職員の成長、自立に繋がり、リーダーの成功体験にも繋がります。

リーダーは孤独で、最強の「言い出しっぺ」

僕が初めて現場のトップに立ったのは25歳。「新」の施設長に就いたのは31歳。始めの頃は「スタッフを束ねなければ」という意識ばかりが強過ぎて、前のめりで、空回りばかりしていました。

何であの人は言うことを聞いてくれないのだろう。

なんで反対ばかりするのだろう。

今思えば、自分の意の通りにならない職員ばかりに目が行っていました。結果、人を否定して自分自身も否定してばかりいました。

毎日が辛かったある日、入所者のおじいちゃんが僕にこう話してくれました。

「人の上に立つことは孤独と戦うこと」

衝撃を受けました。

そうか、リーダーだからといって自分は自分、一職員であることに変わりはない。人のせいにしないで、まずは自分のスキルを磨こう。


その日から僕は**「リーダーは一人で孤独」**と思うことに決めました。すると、

「今日はあの人が話を聴いてくれた」

「今日はあの人がすごく良い介助をしていた」

と、少しのことでもスタッフがしてくれたことに対して純粋に感謝できたのです。

「偉くなったから人がついてくるのではない。まずは個から、一から自分を磨き、逆にスタッフに認められて初めて真の『リーダー』になれる」

大きな気づきをくれた「リーダーは孤独」は、最高のポジティブワードです。

リーダーのあるべき姿

そもそも、僕がリーダーを目指した理由は、自由で権利がもらえるからです。

明らかに僕らより余生の短いお年寄りに、介護3・0の視点に立った介護を実践す

るためにはスピード感が必要でした。起案書を起こして上司の認め印をもらう手間を一つでも割きたかったから……。

僕の頭の中はいたってシンプルです。

お年寄りを主語に、「**やりたいこと**」「**してあげたいこと**」が全てです。

・1人でできることなら1人でやる
・3人必要なら2人を巻き込むためのスキルを磨く
・10人必要なら9人を巻き込むスキルを磨く
・50人必要なら49人を巻き込むスキルを磨く

リーダーにとって大切なのは自分に「やりたいこと」がちゃんとあって、そのやりたいことに「**魅力**」「**楽しさ**」「**やりがい**」があるか。そして、それをきちんと伝えられるかどうかです。

そのためには、リーダーの座にあぐらをかいていては説得力がありません。施設長だろうと現場のスキルは誰にも負けてはいけない。

リーダーは先頭を突っ走る、「最強の言い出しっぺ」でもあるべきなのです。

リーダーが輝けば、皆が輝く

そして、リーダーは「権利」がもらえる代わりに「責任」も背負います。

ここに、やりたいという積極的な姿勢がないと、「好きでやっているわけではない」「やらされている」という逃げ道を作ってしまい、負担、疲弊感しか残りません。

やりたいと思っている人は、責任をクリアできるように自分のスキルを磨く方にベクトルが向けられます。

リーダーに素質の有無は関係ありません。**リーダーをやりたいか否か**です。

リーダーを選ぶ際の基準でもありますが、むしろ、「選ぶ」「任せる」ではなく、現在のリーダーが輝いていれば、次にリーダーになりたいという後進が必ず現れるはずです。

一人ひとりが輝ける職場、施設でなければいけないのです。

既存の業務やシステムを疑ってみる

マニュアルはいらない

何時から何時までに、何番から何番までが、何をやる――。

業務マニュアルが細かく決まっている施設が大半でしょう。なぜ業務マニュアルが必要なのか。おそらく、どの職員でも一定のクオリティーの仕事ができるよう管理するためでしょう。

クオリティーを保つことはある程度必要なことですが、本質的に分解すると、「何も考えずにその日の仕事をこなせてしまう」ということにも繋がりかねません。

人手不足が深刻な介護業界で、一番大切なのは「考えて動ける」「自分の仕事をクリエートできる」人財を育てること。

そのためには、**「自ら考えて動ける時間」＝「余白」**を与えることが不可欠です。職員たちがコミュニケーションをとり合い、その日のお年寄りに100％向かい合い、優先順位を共有し、その日の仕事を作り上げていく。このシステムを機能させるためにはマニュアルを可能な限り緩くしなければできません。

ぎっしり詰め込まれた業務、マニュアルでは不可能です。

そもそも、お年寄りの状態も職員のスキルも流動的なのに業務だけは変わらないことは不自然です。施設側の都合で作ったマニュアルがお年寄りのケアに適さないが、遂行しなければならない。しかし、うまくいかない。結局職員の首が絞まっていく。やりがいも楽しさも見出せるはずがありません。

業務、マニュアルはあってないようなモノ。あくまで目安的に使い、小まめに状況を判断し柔軟に更新していく感覚が必要だと思います。

「定員」という概念はいらない

※あくまでも介護保険法の人員配置基準を満たしていることが前提です。

例えば、一日に勤務する職員が10人と決まっていたとすると、9人になってしまえばマイナス1人、8人であればマイナス2人とカウントし、「いつもより忙しい」「とりあえず決まった業務を急いで終わらせよう」とネガティブな捉え方に至ります。

先にも述べたように、お年寄りもスタッフもその日によって状態も個性もさまざまです。いつも同じ定員が必要とは限りません。

「定員」という概念の最大のデメリット要素は、1人満たしていないだけで職員がネガティブな精神状態で仕事に取り組んでしまうということです。人が足りない時、「何を削ろう」と「何を優先しよう」とでは捉え方、仕事への姿勢が大きく変わります。

では定員を設けないことの最大のメリットは何でしょうか。

「**臨機応変な人員配置ができる**」ということです。

例えば、1か月分の勤務表を作るとき、特に予定がない日は8人、イベントがある日は12人など状況に合わせて柔軟に組み替えることができます。

「定員を定めない」というのは、少人数でどう回すかではなく、必要な時、必要な場所に必要な人員を考えて配置するというシステムを考え、作るということです。

予定も全職種のシフト表も一枚に

「新」では、看護師、栄養士、事務員であっても、排泄、食事、入浴介助をします。お年寄りの生活を支える、生活に寄り添うことに専門的な技術や知識は必要ありません。皆で職種の枠を超え、チーム、仲間としてお年寄りの生活を支え合うという理念を持ち、必要な時に必要な専門職の人が従事すれば良いのです。

「新」ではその**システムを顕在化（見える化）**しました。施設全体及びお年寄りの予定と共に全職種の勤務表が載った大きな一枚のシフト表です。

多くの施設は職種ごとにシフト表が分かれているでしょう。しかし、一枚にまとめることで職種に関係なく全体を把握でき、職員が足りないチームや部署をフォローしようという意識が芽生えます。少しの工夫で職員の意識を変えることができるのです。

慢性的な人手不足が問題となっている介護業界において、**管理者的立場の人はまずは既存の業務やシステムを疑ってみましょう。**固定概念にとらわれないゼロベースで現状を見つめ、一からシステムを作り上げていくべきです。

リスクマネジメントも「捉え方」で変わる

いきなりですが、「**リスクマネジメントをすること**」のリスクがあります。

施設を運営する側がリスクの管理・排除に躍起になってシステム化し過ぎると、職員は上司や管理者に怒られないために、お年寄りよりもリスク管理を優先してしまう場合があります。

誰のためのリスクマネジメントかわからなくなる方が大きなリスクです。

人が生活する場において完全にリスクを排除することは不可能です。

管理者は、予測できる多くの事故、アクシデントの中からしっかりと優先順位をつけることが大切です。全ての事故に必死に対策を立てようとしても、全ての事故の対応が中途半端になるだけです。

本当に防がなければいけないものを見極めることが、管理者としての仕事です。そして、お年寄りやご家族に対しては入所前にきちんと自分たちの理念とそれを受けてのリスクマネジメントの在り方を契約者に説明し、理解を得ることも重要です。

「事故」か「シグナル」か

例えば、施設のお年寄りが居室で転倒したとします。

これを「事故」と捉えてむやみに見回りの強化やセンサーの設置といった対策を立ててしまうと、そのお年寄りは「立とうとすれば職員が来て座らせられる」「なぜか急に生活を見張られるようになる」など、「ちょっと不幸」になってしまいます。

しかし、この転倒をお年寄りからのシグナルと捉えると、**「何を目的に立とうとしたのか」**と、シグナルを発した理由に目を向けるようになります。

そして、事故に対しての対策ではなく、**シグナルに対してのケア（介護）**に変わります。

トイレに行こうとしたのであれば排泄ケアを再検討する。寝られなかったのであれば日中の生活を見直す。寂しかったのであれば職員が一緒にいる。部屋が使いづらかったのであれば居室環境を整理する——。

するとと、「トイレに行きたいときに不安だったが連れて行ってもらえるようになる」「日中の生活が充実する」「寂しい時に一緒にいてもらえる」「部屋が使いやすくなる」など、転倒したことをきっかけに、その人の生活は「ちょっとハッピー」になります。

大切なのは事故と捉えるのではなく、**「助けて」というシグナルと捉える**ことです。そして、そのシグナルに対しての理由を探り対策を立てるのではなく、ケアに落とし込んでいくことです。

最初からクレーマーはいない

お年寄りの事故やアクシデントに対して、ご家族からクレームが来ることもあると思いますが、僕はそれも捉え方と行動で解決できると思っています。

例えば、入所して何か月も施設側からの連絡がなく、数か月後に来た連絡が転倒の謝罪だったらどうでしょう。

家族は、お金を払ってお願いしているのだからちゃんと見てと思うのは当然です。

しかし、入所してから毎週のように「立てるようになりました」「今度、髪の毛を切りたいので行きつけの美容室を教えてください」などの**ポジティブな連絡**が来るとします。

そして、そのうちの一回が転倒の謝罪だったら家族は何て言うでしょうか。

同じ反応が返ってくるでしょうか。

クレーム=リスクと決めつける前に、クレーマー家族と決めつける前に、自分たちがクレーム、クレーマーを生んでいないかと考えて行動することが大切だと思います。

ビジョンを掲げ、役割を明確化

自由な生活を送ってもらおうと思えばよりリスクは高まります。

入所の段階できちんと理念やビジョンを伝え、それに伴うリスクを理解、納得してもらうことも入所の窓口になるスタッフの重要な役割です。

そのためには、施設のトップや管理者が日頃から「**こんな介護をやる**」**という理念やビジョン**をしっかり掲げて発信、行動できているかが重要なのです。

そうでないと、スタッフはどこを目指せばいいのかわからなくなってしまいます。

さらに、各職種の職員に「何をやる立場なのか」を明確にして伝える必要があります。これを明確にすることで自分は何を求められているかが理解でき、行動に迷いや無駄が出にくくなります。

僕が明確にした役割は、次の通りです。

【介護士】
お年寄りの身体の世話をする人 ⇓ 「お年寄りを元気にして夢を叶えるプロフェッショナル」

【看護師】
健康を管理する人 ⇓ 「その人がやりたいことを応援する人」

【相談員】
入退所などの相談窓口 ⇓ 「家族を幸せにするプロフェッショナル」「施設のフロントマン」

【事務員】
事務的な仕事をする人 ⇓「施設のプロモーション活動をする人」
【栄養士、調理師】
献立を立てて調理する人 ⇓「お年寄りの食生活を支える人」
※今はそこからさらに、職種という概念をなくそうと考えています。

何より、リスクマネジメントにおいて管理者に求められることは、捉え方と伝え方と腹のくくり方だと僕は思います。

リスクを恐れ、動かないことが最大のリスクです。

〝人財〟はビジョンで集める
―人財確保から人財発掘へ―

言わずと知れた介護業界の人手不足。人手、人材を〝人財〟と捉え、育てようと伝えてきましたが、改めて「圧倒的本質論」介護3・0視点で見た良い職員、良いリーダーを考えてみましょう。

【良い職員】

本質的に「職員」を捉えると、知識や資格、スキルの良し悪しは判断基準に入りません。最も重視すべきは、その職員が「自分本位か」「利用者本位か」です。目の前のお年寄りを主語に据えた思考、発言、行動ができ、**お年寄りに合わせて自分の役割や立場を変えられる**か否かです。

脳梗塞の後遺症や認知症などが原因で全くコミュニケーションを図れないお年寄り

の隣にちょこんと座っていられる職員。そこに知識や技術の有無は関係ありません。
この光景、空気感が個人的に大好きです。良い職員だな、としみじみ感じます。

【良いリーダー】

職員から良いリーダーと思われる簡単な方法は、お年寄りよりも職員のことを優先して考え、大変な作業は自分が身を削って手伝う。しかし、それでは「お年寄り」が不在になってしまいます。介護3・0の本質から逸脱してしまいます。

ここで重要になるのが「好かれていること」と「尊敬されていること」は全く違うということです。周りのスタッフがリーダーの行動や考え、ビジョンを理解し納得し魅力を感じ「自分もやりたい」と感じてくれているか。

あくまでも**「お年寄り」ファーストを貫き、現場に立ち、実践者であり続ける**人が真のリーダーです。そして、自分と同じような行動をする職員が現れた時が「尊敬されるリーダー」になれた証です。

良い職員、良いリーダー像を共有しましたが、両者が自転車の車輪のように互いに自走し、協力し合わなければ自転車は前に進みません。

そして、最も重要なことは同じ方向、目的地を向いていることです。つまり、**同じビジョン、目標を共有**しているか、見つめているかが重要なのです。

そうです。〝人財〟を求めるならば、給与、労働環境、福利厚生などの提示も大切ですが、前段階で施設のソフトの核「ビジョン」を掲示するべきなのです。

プロとお年寄りと共同で作った小冊子

では、どうすればいいか。

施設のパンフレット、ホームページ、求人広告などでどんどん謳うことも効果はあると思いますが、「新」に入る時に「読める求人票」を作ったことがあります。

施設の活動の様子や雰囲気が伝わる写真をふんだんに盛り込み、ビジョンを物語のように綴った小冊子です。

制作は架空の「アラタ出版」。地元下野市の一級建築士で、地域活性化に尽力する「シモツケクリエイティブ」のローカルプロデューサー山口貴明さん協力の下、「新」のスタッフが写真、文章を載せ、入所しているお年寄りと製本しました。

求人票の概念を覆すおしゃれな見た目も効果を期待した点ではありますが、ポイントは地元の異業種のプロと、お年寄りと共同で制作したことです。

地域や業界の枠を超えた繋がりを作るという「新」のビジョンを制作過程でも伝えているのです。

一つの町、一つの地域に何十とある老人介護施設。小さな世界の中で貴重な人財を取り合っても限界があります。

しかし、求人も既成概念にとらわれなければ、さまざまなアプローチ方法がありま す。そのアプローチ方法で他との差別化もできるのです。実際に求人票を見た親子が応募し就職しました。

「**限界を広げ、接点を増やしたい。ビジョンに共感が得られれば市内外、県内外問わず人は集まる**」

そう願い、作った小冊子です。

小冊子から僕のコメントを一部抜粋し、ご紹介させていただきます。

『皆さんこんにちは！

介護付有料老人ホーム新の施設長、横木です。

最初にズバリ言います！　これは求人票なんです！

なんでこんな求人票を作ったかといいますと・・・

新の介護・考え方をまず知ってもらって「いいね」「働きたい」と思ってくれる人と巡り会うためです。

人材不足が大きな問題となっている介護業界。

きっと皆さんの介護へのイメージは、決して良いものではないと思います。

そして、介護はどこのサービスも、施設もやっていることは全て同じだと思っている方が多いと思います。

しかし、実は行われている介護はそれぞれ全く違うものなのです。

だからこそ、まずは僕達を、介護付有料老人ホーム新を知ってもらうことが大切だと考えました。

僕達は、目の前のお年寄りを本気で、自由に楽しく元気にする介護を目指し、実践しています。

お年寄りの人生が輝いて、その方の夢を支援者とか介助者のような関係ではなく、一人の人として、一緒に探して、一緒に挑戦して、一緒に叶える。

そんな関係を胸を張って『介護』と呼べる日が来るように実践しています。

また、介護だけにとらわれず、色々な繋がりから新しい取り組みにも挑戦していきたいと思っています。

確かに介護業界は慢性的な人手不足です。もちろん、新しいスタッフが欲しいです。でも、嘘をつくわけにはいきません。

介護付有料老人ホーム新の仕事は、決して楽ではありません。

大変だと感じることもあると思います。

しかし、〝最高のやりがい〟と〝ワクワク感〟は保障します‼

介護付有料老人ホーム新で、自分にしかできない仕事をしてみませんか。

是非！　是非！　是非！　そして是非！

置かせていただけるお店や場所があったらお願いします！　連絡ください！

新のお年寄りと作った介護に興味がない人が読んでも面白い老人ホーム「新」物語をお届けします‼』

第7章　介護と地域の未来

介護3・0は人と町を輝かせる

“開かれた施設”より“繋がりたい施設”

今、全国各地の多くの施設が「地域に開かれた施設」を理念として掲げているように感じます。

「開かれた」――。皆さんは疑問を感じませんか。

そもそも施設が閉鎖的、クローズ空間前提の視点で、ニュアンス的に施設と地域に若干の上下関係を感じるのは僕だけでしょうか。

「地域に開く必要がない」ということではありません。施設はもともと閉鎖的にする必要はありませんし、むしろ、**地域になくてはならない存在**を目指すべきです。

不可能、難しいと思う人が多いかもしれませんが、実際、施設長を務めた「新」はお年寄りから子どもまで老若男女問わず、毎日のように近隣、地域の人であふれていました。

では、どうして人が集う施設になったのか。僕が思う要因を挙げていきます。

顧客ではなくファンを作る

「新」は年1回5月、施設内の農園でお年寄りが育てた花や工房で作った木工作品の販売をメインとした「arata flower festival」というマルシェを開催しています。その趣旨は、次の通りです。

①カッコイイ、おしゃれなイベントを開き、老人ホームの閉鎖的で暗いイメージを払拭するため
②「新」のお年寄りが輝けるステージを作るため
③スタッフもお年寄りと一緒に楽しめるようなイベントを開くため

そのため、施設スタッフによる素人の模擬店やステージ演出ではなく、フード、クラフト、アート、音楽、お笑い、ジャグリングなど、それぞれのプロや専門家など「新」の理念やコンセプトに共感した人たちが出店、出演してくれています。「出たい」と自ら申し出てくださる人もいます。回を重ねる度に参加者は増え、2019年は約500人の地域の人が集まり共に楽しんでくれました。

また、日常的に地域の人が「新」に集えるように「あすなろ教室」という貸し出しスペースも設けました。

ほぼ毎日、リトミックや三味線の教室、寄席、時には自治会の集まりなどが開かれています。教室や寄席には施設のお年寄りも参加しています。

「あすなろ教室」を設けた狙いは、次の3つです。

①教室で開かれるコンテンツに「新」のお年寄りも参加することで、クオリティーの高いレクリエーションが提供できる

②新しい繋がりを作ることでお年寄りの可能性を発掘し、広げるため

③自由に利用、運営していただくことで、スタッフや職員の負担を軽減でき、むしろ一緒に楽しめる

「あれ、結局地域のために何をしたの」「どんな貢献をしたの」と疑問を持たれた人も多いでしょう。

そうです。僕はそもそも「地域に開かれる」を目標に掲げていませんから、開かれるために、地域の人に好かれるためにとかを動機にして何かを企画したり、設置したりはしていないのです。

介護3・0の主語はあくまでも「お年寄り」です。「お年寄りが輝くために」が目的。それを追求する過程、追求した結果、「地域の人に入ってもらう」「施設を使ってもらう」。そして、「新」をフィールドに地域の人々、コンセプトに共感する他業種、業界のプロが楽しんでくれて、**「新」のファンになる。**

「give&give」

与え合う、分かち合う対等の関係性が生み出されたのです。そして、お年寄りもさらにワクワクドキドキ輝いて、その光景に職員もうれしくてやりがいを感じて輝く。輝きの連鎖が生まれたのです。

「繋がりたい」が新しい介護を生む

「介護業界を改革していこう」と業界の中だけで議論し、アイデアを出し合っても結局は似たり寄ったりの意見で、限界を感じていたことがあります。

だから、「新」で「介護と建築」「介護と音楽」「介護とお笑い」などさまざまなジャンルのその道のスペシャリストと繋がり、新たなコト、モノを生み出そうと行動してきました。

しかし、その度に自身の介護という畑をしっかり耕していないと、真の対等な繋がりは生み出せないと実感します。

結局、どれだけ目の前のお年寄りを幸せにしているか、本質的に良い介護ができているかどうかが重要なのです。

やはり、**個と個**。**人と人**なのです。そして、その想い、意思を明確に掲げ、プロモーションし、共感者を生む。個人、施設自体の深掘りをして、磨いて、初めて、対等な繋がりが生み出され、化学反応は起きるのです。

自分の畑を耕しながら、**自分が尊敬できる各分野のスペシャリストとの繋がり**を増やす。介護だけでなく、今の社会全体の多様な問題解決のヒントになるキーワードだと思います。

〝在宅介護〟こそが、究極の個別ケア

僕の夢は、介護3・0を早く社会全体に浸透させて一人でも多くのお年寄りを輝かせること。その夢の実現の一つの形として、本質的な在宅介護の浸透があります。

なぜ、在宅介護なのか。住み慣れた家、町で家族や親しい友人などとの関係を保ちながら介護を受けられる、介護できる**在宅介護こそ「究極の個別ケア」**なのです。

本質的な在宅介護をもっと広げていければ、「最期を家で迎えたいお年寄りは家にいられ、施設に入りたい人は施設に入る」といった選択肢が増え、より個に特化した介護が実践できるということです。

多くの人は「**介護=施設への入居**」というイメージの方が先行しているような気が

します。しかし一方では、在宅介護と仕事の両立の限界から、仕事を辞める介護離職者が急増。特に働き盛りの40代、50代が多いという統計も出ています。

介護保険3施設や有料老人ホーム、高齢者向け住宅といった施設・居住系サービスの整備不足、特養などの施設の入居基準に満たない認知症の人の介護度の低さなど、ハード面、制度面の不整備が大きな要因です。

急速な改善が難しいどころか、少子高齢化、介護従事者不足、単身独身世帯の急増と、ますます介護と仕事の両立は困難を極め、**「在宅介護」の需要度とニーズが増していくことは明白**です。

僕ら介護士は何をすべきなのでしょうか。

そもそも、「在宅介護」は本当に負担が大きく辛いのでしょうか。老々介護、老障介護、介護離職、経済苦、精神的・肉体的過度の負担、孤独、他人に任せられない、家族だからこそ辛いなど。

在宅介護のマイナスイメージを介護3・0的捉え方でどう転換し、実践していくべきかを説明していきます。

在宅介護の本質的な目的とは

在宅介護の本質的な目的はいたってシンプルです。

「家で天寿を全うできる」「家族は家で看取ることができる」。さらに掘り下げると、

本人は、家族に迷惑を掛けずに自分らしく家で天国にいける。

家族は、介護を負担に感じないで家で看ることにやりがいや楽しさを感じられる。

双方の目的を達成できれば、家族が負担を理由に離職したり、施設に頼ったりする必要もありません。

しかし、実際はどうか。

現状では家族の負担軽減、家族が仕事や外出の間の介護代行というイメージが強く、いつまでも在宅で生活できるためということには繋がっていません。

訪問介護やデイサービスなどの在宅支援サービスを利用している時間よりも、家族が介護している時間の方が圧倒的に長い中、負担軽減だけでは本質的なケアに繋がっ

ていないのではないでしょうか。

ここを変えなければ、「介護＝施設に入る」という既成概念は変わりません。

では、本質的目的を支えるために何をすべきか。

「家族の代わりにやります」という**〝介護代行サービス〟**から、**〝介護伴走サービス〟**へのシフトです。

「この時間、このタイミングは私たちが代わりに看てあげます」から、「こういう介助があれば散歩も行けますし、散歩に行くことでこういう効果が得られます」と本人、家族、介護士で一緒に考えて実践することが重要になってきます。

家族が家でお年寄りを看る前提で、全力でプロとしてサポートします。

家族も「看てもらっている」という引け目の心情から解き放たれて、「応援してもらっている」と捉えられて、気持ちが楽になるはずです。

在宅介護を支える4つの実践軸

在宅介護を支えるため、僕らプロがすべき実践軸があります。

①お年寄りが自分らしく過ごすための環境づくり
②お年寄りが家で元気でいられる、元気になれるような仕組みづくり
③お年寄りが家での生活を楽しめるきっかけづくり
④お年寄りの家での介護が楽になる（負担解消ができる）情報の共有、介護の提案

以上の４つです。

①と②は、介護を受けている時間は24時間のうち3、4時間程度。だったら、残りの約20時間をお年寄りが自分で自由に楽しく過ごせる工夫をすべきです。寝たきりにならない、寝たきりになるまでの期間を延ばす環境、仕組みを作るべきです。だからといって必ずしもユニバーサルデザイン用品、介護用品を改めて買う必要はありません。

立ち上がりやすいベッドの位置や高さ、向き、タンスや本棚などを手すり代わりに伝って移動できる配置の工夫などです。お年寄りが自分で行動できる環境づくりは、アイデア次第で家にあるもの、ホームセンターにあるものでいくらでもできます。

むしろ、在宅こそ個性、身体状況、生活習慣に合った、持っている力を最大限に引き出す最高の環境づくりができます。それをプロがアドバイスすべきなのです。

仕組みづくりも同じです。「家でこれができたら家族が楽になるだろう」と、本人と家族が一緒にアセスメント（事前評価）し、訪問介護やデイサービスの時間で練習やリハビリをして、できることを増やしていきます。

本人が自分でできることが多いほど**家族の負担は減り、逆に「できたこと」が喜びになります**。家族も在宅での介護にやりがいを見出せるようになります。

在宅介護で最も重要度が高いポータブルトイレを例に挙げます。

トイレに行きたい人を毎回誘導することが介護疲れになり、オムツ着用、寝たきりに繋がってしまう場合も少なくありません。基本的には高さを変えられ、肘掛けが外せるタイプを選び、ベッドと同じ高さにして座位から腰をスライドして座れるようにします。

自力でトイレに行けなくなっても諦めず、少しでも可能性があるならば、「自分で行こう」と思える環境を整えます。動きたいという意欲を引き出す環境を作ることが重要なのです。

また、寝る前と起きた後の2回だけポータブルトイレに誘導すると、夜間のオムツ交換の頻度が大幅に減り、ポータブルトイレとオムツ双方の利点を生かした環境設定も可能になります。

このように**気持ちが動けば、体が動く。工夫すれば介護も楽しくなる**と、お年寄り本人と家族に実感してもらえるよう、僕らプロが応援、伴走していくべきです。

③は、ガーデニングや散歩をしよう、自力でお風呂に入ろう、あのラーメン屋に行くために歩けるようになろうという目標を見つけるお手伝いをします。

そうです。「気持ちが動けば体も動く」です。

特に**外出要素を目標、目的の中に入れる**ことをお勧めします。

介助されるお年寄りにとってリフレッシュ効果、身体機能の維持や回復が期待できるのはもちろんですが、環境が変わるとお年寄りと介助者の間にコミュニケーションツールが増えることがポイントです。

家にいるだけでは話題に乏しくなってきますが、庭に出て花を見たり、散歩をしたりするだけでも自然と会話が生まれるはずです。会話が増えれば、介助者と被介助者間でより良好な関係が育め、暮らしを楽しむ要素になります。

目的、目標が決まったら、④です。

外出の際のケガや事故などのリスクを減らすために、デイサービスや病院と連携を図ったリハビリや歩行訓練、身体的特性や生活環境に最適な補助道具選び、家族への正しい介助の知識や技術のアドバイス、制度や支援サービスなど。

プロの介護士としてのスキルを共有し、伴走者として背中を押します。

これら、４つのポイントを押さえれば、家で最期までその人らしく生きるサポートができます。

デイサービスへの通所やヘルパーが来る訪問介護の時間は、一日のごくわずかな時間です。一時的な代行では本質的な「自分らしい生活」の維持には繋がりません。

その人の可能性と能力を生かすためのサポート、家族がやりがいを見出すサポートが本来の在宅ケアの役割なのです。

地域全体で応援、伴走する

制度を変えようというのではありません。

在宅を支える介護のプロとして、僕らは世間の悲観的なイメージにとらわれず、「なぜ辛いのか」「何のための在宅介護か」を掘り下げて、本質的な課題を解決する提案とサービスを提供していくべきです。

さらに、ハード面に限界が見えてきた今、家族、施設、会社、町、地域が枠を超えて横に繋がり、介護を自分のこととして考えていく時代は遠くないでしょう。

地域全体で介護をしている家族に寄り添って応援、伴走する時代は間近に迫っています。

その時、必ず介護3・0が必要になります。

その時のために、僕らは知識と技術を磨き続けていかなければなりません。

介護のプロなのだから——。

介護が地域活性、地方創生の鍵になる

僕は、「介護」で地域活性化、地方創生ができると本気で思っています。**「介護」が地域の特産品、地域資源になる**ことは重々あり得ることです。

少子高齢化、単身世帯の増加とはいえ、都市部への一極集中の人口流出傾向は変わりなく、地方の過疎化は進むばかり。若者の雇用機会を求めての流出を免れられない事実から、高齢者の地方移住を促進する流れがあります。

高齢を迎える人が地方への移住を考えたとき、移住先で「どんな介護が受けられるか」が選択肢に占める割合はますます大きくなってくるでしょう。

そのためには、自治体がビジョンを明白にし、「**この町ではお年寄りがどのサービスを受けても共通したビジョンの介護を受けられます**」と宣言すればいいのです。

「新」は言うまでもなく、介護3・0「目の前のお年寄りを輝かせて、自分も輝く」を提唱し、実践し続けています。

実際に、東京、北海道、奈良、大阪、静岡など県外から僕たちの介護を求めたお年寄りが入所しています。入所したお年寄りが元気になっていくと、その人の配偶者や親せき、知人が入所することも少なくありません。

すると、そのお年寄りのお子さんやお孫さんが毎週のように面会に訪れてカフェで過ごします。ご本人が天国へ旅立った後も定期的に僕たちに会いに来てくれたり、周りに介護で困っている人がいたら、僕たちのことを紹介してくれたり……。

そして、また県外の人との関係が広がる。その関係は切れることなく続いています。町おこし事業などでよく耳にする「関係人口」ですが、僕たちは、関係人口の増加に確実に貢献していると思います。

地域も同じです。重要なことは、どんなビジョンに基づいた介護を掲げるかです。どれだけ施設、設備といったハード、サービス、コンテンツが充実しても、重要なのはソフト面、**「そこで繰り広げられる介護はどういう介護なのか」**です。

僕は、そのソフトが介護3・0であるべきだと思っています。

例えば、ある町が「麻痺になっても認知症になっても最期まで自分らしく生き抜ける町」と宣言します。

町は、お年寄りが訪問・通所介護、リハビリなど、どのサービスを受けても共通した介護を受けられるように、そのビジョンと実践方法を介護関係の各機関やサービス事業所と共有します。

そうすれば、その町のお年寄りは居場所や役割を持って、自分らしく最期まで生きることができます。

また事業所や施設側も提供すべき、目指すべきサービスの指針が明確になり、事業内容の質が向上し、事業展開もしやすくなります。お年寄りが輝き、介護従事者もやりがいを見出して輝く。噂は広がり、県外からの移住者、会いに訪れる家族、知人などが増える……。

もうお気づきの通り、「新」が体現してきた関係人口の増加へのロードと同じです。

介護も選ぶ、選ばれる時代

介護が地域の特産物になる。地域活性化の要になり得ることがおわかりいただけたと思います。同時に、介護は選ぶ、選ばれる時代ということがより鮮明になっていくということでもあります。

だからといって僕らが町おこしの中心に立つ必要はありません。地域活性化が目的になってはいけません。介護３・０の実践者はあくまでも、より多くのお年寄り、その家族、友人、知人を輝かせて幸せにする伴走を貫くことからブレてはいけません。本質を貫き実践すれば、地域や町、場所を作っている情熱的なスペシャリストたちにおのずと「介護」の分野を任せてもらえるはずです。

１００人の住民がいるとしたら、１００人に居場所と役割がある町 その高齢者の居場所づくりの部分を僕はやりたい

地方創生の鍵も、やはり「目の前のお年寄りを輝かせて、自分も輝く」ことです。

介護新時代に向けて

ここで「介護3・0」の命名者のブランディングデザイナー青柳徹さんと〝栃木（ローカル）のグッとくるGOODな情報をお届けする〟ウェブメディア『とちぎのしゅし』での対談「介護からの街づくりと、在宅ケアの可能性」を抜粋して紹介します。

青柳（以下、青）：超高齢化時代において「介護を軸にした町づくり」の考えを聞かせてください。

横木（以下、横）：現在、町には多くの介護事業所があります。1人のお年寄りが、ヘルパー・デイサービス・ショートステイサービスを別の事業者から受けることになった場合、コンセプトが施設ごとに異なるので「介護に一貫性がない状況になってしまう」という課題があるんです。介護に一貫性を出すためには、町レベルで「在宅で、その人らしく生きられる介護を目指します」と宣言し、それに賛同する事業者を集めるのが良いと思っています。行政が宣言するだけでも変わります。

青：「町として目指す介護」が明言されていれば行動しやすくなるってことですね。

横：10年、20年後の具体的なビジョンが大事です。町が一つの会社と仮定してみましょう。年功序列型でビジョンも曖昧だと、社員のモチベーションは上がらないですよね。でも、「あと10年で、支店を5店舗増やす！」と具体的な目標を掲げれば、社員にも「その店長に」と目標が生まれますよね。モチベーションが全く違う。「町づくり」もより具体的な目標設定が重要で、町が推進する介護を具体的に明示すれば動きやすくなります。参入する事業者もやるべきこと、必要なことが明確になります。

青：そこが無いから手段を先に考えてしまう。だから、一貫性がない。

横：行政が宣言し、そこに投資し、そのやり方や手段を共有し、学び合うことが必要。だから「介護3・0」を学んでくださいになる（笑）。

青：（笑）。ビジョンがあることで町全体の「介護のブランディング」にもなりますよね。今後、住む町を選択する際に「介護」は重要な要素になる。ブランドは「選択を促す」ことにもなるから、選ばれる確率が上がる。未来の生活が見えれば「若者の移住」にも繋がるなど、人の動きも生み出しやすいですね。

高齢者への新たなアプローチ

横：行政も町も若者流出に歯止めをかける活動をしている。同じくらい、今後更に増える高齢者たちが、輝いて生活できるような取り組みに力を入れた方が良いと思います。

青：お年寄りの生活の満足度を上げることにフォーカスしていないのかも。

横：これまでの介護が「町の介護のゴール」として当たり前になっているんでしょうね。

青：施設単体で完結していますよね。もっと社会や地域に拡張し、新しい介護の理解度が高まると、町全体としての介護の位置付けが変わってくるのかなと。

横：地域に馴染むことも大事なんですよ。

青：そうですよね、現在は地域から隔離されているような気がしますね。分断をグラデーションにし、介護施設なのかどうか分からないくらいが良いのかなと思います。町全体のシステムとして、「身体がどういう状態になっても生きやすい町」にしていくということですね。

横：町としてビジョンを宣言すれば、賛同する人や企業も集まりやすくなります。

青：そうですね。「共感する事業者さん、一緒に町づくりしましょう」みたいな宣言をして、応募があった事業者から選定するのもありですよね。

横：それくらいしないと「町の色」は出せないと思います。

介護の未来をつくるチャレンジへ

青：これからの「介護3・0」はどのように成長していきますか？

横：実は僕、起業する予定で、「介護のスタンダードを変える」活動をしていこうと思っています。「介護付有料老人ホーム 新」で実践していた「介護3・0」でしたが、施設限定だとより多くの人は救えない。「その人らしく最期まで生きていける社会」をつくることができれば、僕らプロの介護士も胸を張って仕事ができる社会になる。そのためには施設から飛び出し、「介護3・0」を普及する活動をしなければと考え、来年度からコンサルやアドバイザー、現場研修、新人研修、講演会などをやっていきます。

青：一緒に「介護新時代」をつくりましょう！

第8章　「捉え方」で世界は変えられる

介護3・0の無限に広がる可能性

介護×お笑い、美容など＝可能性は∞（無限大）

介護×お笑いのプロ――何をやっているかより、何でやっているか

「新」は定期的に施設内で、プロによる本物のお笑いが楽しめる寄席「笑い場ａｒａｔａ」を開いていました。

なぜ開いたか。それは、老人ホームや施設にいるお年寄りが外出するきっかけを作るためです。

一般的な老人ホームや福祉施設では、たくさんのボランティアが歌や踊りなどを披露し楽しませてくれています。本当に素晴らしいことですが、「**当たり前の生活を**」と提唱する僕は違和感を抱いていました。

日常の娯楽とは違うのではないか——。

僕たちがエンターテインメントを楽しもうとしたら、何を見たいかを選ぶことから始まり、日程調整、チケットの購入、会場までの移動など、自分で決めた目的によってさまざまな選択肢が生まれます。

「選ぶ」ことで一層ワクワクドキドキの期待感が積み重なっていき、本気で楽しめるのではないでしょうか。

エンターテインメントを提供する側も、ただ施設からお願いされて披露するよりも、自分たちの芸を見たいと選んで来てくれた人に本気で披露して、評価してもらった方が手応えを感じてスキルアップに繋がるのではないでしょうか。

施設に入るとどうしても外に出る機会は減っていきます。

施設側で用意した行事に乗っかってもらう、楽しんでもらうこともあって良いと思います（内容によりますが……）。

けれど、介護3・0の捉え方は**「お年寄りは変わらない」が基本**の一つにあります。

入所、入居したことによって環境、生活が変わってしまうことを仕方ないと放置していいはずがありません。

エンターテインメントを選択する自由も変わらずあるべきです。選べる環境を作ることがプロの介護士の仕事です。

身体的理由から外出困難なお年寄りが「**このエンターテインメントが見たい**」という想いを諦めずに済むように介助し、環境を作ることが僕らの仕事です。

心の底から見たいとお年寄りに思って選んでもらい、「外出したい」に繋がるように〝**プロの本物の笑い**〟が必要でした。そこに下野市出身のお笑い芸人・永井塁さんが共感し「笑い場ａｒａｔａ」が生まれました。

「新」以外の施設、近隣のお年寄りの観覧も可能にし、必要であれば送迎も手伝いますと呼び掛けました。僕らが本気で企画した寄席に本気で見たいと集まったお年寄りやその家族、友人たち。素人では創りだせないエンターテインメントで迎えてくれた永井さんや仲間のお笑い芸人の皆さんたち――。

「また見たい」「次はいつ」「今度はこれやって」

無邪気に笑うお年寄りの姿に、心が動く、心を動かすことの重要さを改めて実感しました。

エンターテインメントが身体機能回復の特効薬になった瞬間に、僕は居合わせたのかもしれません。介護とお笑いの両方の可能性が広がったのです。

忘れていけないのは、**「本気×本気」**だから生まれた効果であるということ。そして「全ては目の前のお年寄り（お客様）のため」という同じビジョンを見ていたからだと思います。

「老人ホームっぽくない、すてきな取り組みですね」と言われることが多く、素直にうれしいですが、本質はそこではないのです。

「何をやっているか」より**「何でやっているか」**です。

この「何で」という目的がまず自分の本気を誘発し、協力者の本気に火をつけ、お年寄りの心を突き動かす。本気が本気を生み、一人、単独の職種、業界では見出せなかった可能性と世界観を広げることができるのです。

それは、お年寄りだけでなく、僕ら介護士、お笑い芸人の皆さんにとっても同じです。可能性の広がりを肌で感じたから、寄席を続けたいと思ってくれているのではないでしょうか。

介護×美容のプロ ―「その人らしさ」を贈る、可能性を諦めない

2020年初め、美容のプロと終末期や寝たきりのお年寄りや難病患者、障がい者に特化した訪問美容プロジェクトを立ち上げました。

「give&give」と「gift to」(贈り物を贈る)で、その名も「**give to**」です。都内の有名サロンでトップスタイリストとして活躍した経験を持つ、下野市の地域おこし協力隊の大坪亜紀子さんと立ち上げました。

最期まで諦めずに「その人らしく」いてほしい。終末期で何もしてあげられないかもしれない。でも、感謝の気持ちを諦めずに伝えたい。妻として、夫として、子どもとして、友人として。在宅、施設、病院などどこにいても、どんな状態でも、遠く離れて暮らしていても。そんな「本気」を形にしたプロジェクトです。

「どんな寝たきりの人でも起こせない人はいない」介護のプロの僕と一流美容師の大

坪さんだからこそ実現できる、新しい「ギフト」の形です。

互いがその道のプロだから「諦めない」と選択できる可能性を生み出せたのです。

実際、亡くなったお年寄りの家族から「母は元気な時、髪を紫に染めていた。最期にその姿にしてあげたい」という依頼がありました。湯かんの際に大坪さんが髪を染め、整え、家族の意向を聴きながらメークも施しました。

亡くなったはずなのに生き生きとしたお年寄りの姿に、感謝を贈ることを諦めなかった家族が癒やされていたような気がします。

贈ることを本気でサポートした僕も大坪さんも同じです。

実はこのプロジェクトには隠れた目的が一つあります。

大坪さんは、美容の可能性、自分だからこそできる美容、「その人らしい美しさ」を探究しています。僕も「**介護にはもっと可能性、力、気づきがある**」と一日一日、一人ひとりと向き合っています。

互いの道を究めたい本気のプロがコラボレーションすることで、可能性を広げ、さらに一人でも多くの目の前の人を輝かせるための本質的な目的も含んでいるのです。贈ることを諦めない。感謝を伝えることを諦めない。最期まで自分らしくいることを諦めない。介護の可能性を諦めない。美容の可能性を諦めない。

諦めないためには本気で臨まなければいけません。**贈る人、贈られる人、関わる人も本気だから虚偽は生まない。**目の前の人を幸せにしたい。ビジョンを共有していれば、可能性は広げ合えるのです。

介護×エネルギー創造のプロ ― 新たなエネルギーと「居場所」

何をしてもいい、何を作ってもいい、どれだけ散らかしてもいい、やりっぱなしでもいい。「新」敷地内にある作業小屋「TEPPEN工房」はお年寄りの〝やりたい〟を叶える場、居場所を見つける場で、最初は皆で廃材から家具を作ってカフェで販売していました。その売り上げで皆でスナックに行ったこともありました（笑）。

ある日、地元の廃棄物回収を主に、地域環境保全事業を展開する「国分寺産業」（田村友輝社長）からコラボレーションのお誘いをいただきました。

同社が掲げている「エネルギー創造企業へ」に共感した僕らは、廃材を使ってコンポストを作る「**arata コンポストプロジェクト**」を始動させました。

戦後の日本を再生したお年寄りが、捨てるしかなかった廃材でコンポストを作り、それを使って生ごみや落ち葉などを再生し、土を作る。そして、「新」のお年寄りは幼稚園などでコンポストワークショップも開き、「**与える側**」になったのです。

エネルギーと共に主役になれる「居場所」を創造できたのです。絶対に僕たちだけでは作ることができなかったエネルギーです。

さらに、「arata コンポストプロジェクト」のリーダーであるスタッフの金子雄登君は、若干控えめなところが良くも悪くもありました。

ところが、リーダーとして一職員の枠を超え、さまざまな企業、学校、施設、地域の人と繋がりを積極的に育み、活躍の幅を広げたのです。施設の枠を軽く飛び越えて「居場所」を作ったのです。

施設の中では気づけなかった可能性が、介護の枠を飛び越えて異業種の魅力的なプロと繋がり、思いを共有し、チャレンジすることでさらに広がる。

「お年寄りを主役にして輝かせる」という本質から外れなければ、挑戦したことは必ず自分にも返ってくる。介護の無限の可能性を、金子君が証明してくれました。

介護×ショーのプロ ― 誰かの居場所を作れば自分の居場所も生まれる

「新」で毎年5月に開催していた施設開放型のマルシェイベント「arata flower festival」が、諸事情から、開放しての通常開催ができない年がありました。

お年寄り、スタッフの「ウキウキ」「ワクワク」を奪っていいはずがありません。**できない状況を嘆くより、やる前提でできることを見つけて動く**のみです。

「施設内部で入居者、施設関係者だけで安全にできるフェスティバルを開こう」

結果的に、最高のひとときであり、空間でした。毎年司会進行を務めていたお笑い芸人の永井塁さん、国内外で活躍する大道芸人ヨッシーさん、バイオリンパフォーマーPhilharmony Wedding団長の王生（いくるみ）雄貴さんなどがプロのショー、エンタメを披露してくれました。

施設の余興という感覚は一切なく、本気で楽しませようと臨んでくれていることが伝わりました。お年寄りもスタッフも心底感動していました。

大半の施設に見られる介護士、施設スタッフが中心となったショー、ステージパフォーマンスはクオリティーに限界がありますし、日常の業務に加えてのショーの準備、演目の練習、会場セッティング、プログラムの組み立て、司会進行、ステージ出演はスタッフの負担が重過ぎます。

けれど、ショー、エンターテイナーのプロがいればショーに関することはほぼ全て担ってくれます。すると、施設スタッフは介護のプロとしての仕事に専念でき、お年寄りと一緒にステージを楽しめます。

「一緒に楽しむ」――これがとても重要なことです。

お年寄りだけ観賞してスタッフが慌ただしく動き回っていては、楽しめる空間が作れません。**お年寄り、スタッフという枠を超えて感動を共有し合う**ことで、全体がエンタメ空間になり、ショーのプロたちもさらに演目に力が入る。相乗効果で「楽しむ」

「感動する」ひとときを作り上げていけるのです。

互いにプロだからこそできるスキルの共有です。

「ｆｌｏｗｅｒ　ｆｅｓｔｉｖａｌ」を開く目的はもう一つありました。入居者の豊田さん（仮名）が主役になれる場を作りたかったのです。

豊田さんは、「新」に住んだ直後から施設内の畑の前に作業場を設け、大好きな花を育て始めました。フェスティバルの行われる日に花が見頃になるよう逆算し、花の栽培を2月から進めていました。

しかし、フェスティバルは中止。たくさんの人に見て、楽しんでほしいという豊田さんの願いが叶わなくなってしまった。

だから、豊田さんに感謝を伝えるためにも、どうしても開きたかったのです。豊田さんは、自慢の花を皆に褒められて、改めて感謝されて本当に幸せそうでした。

僕ら介護の現場でのエンタメは一般的なエンタメと大きな違いがあります。

開くことが目的ではなく、あくまでも手段であるということです。

今回は「施設のイメージを変える」「お年寄り皆を輝かせる」といった通常の目的に加えて、この日のために一生懸命花を育ててくれた豊田さんを特に輝かせるという目的が追加されました。

誰を輝かせるためなのか。

誰の居場所を作るためなのか。

徹底的に考え抜ける人が真のプロです。

介護×未来のプロ ― 子どもは「未来」のプロ

「新」には毎年開催している企画がもう一つあります。地域の子どもたちが施設に1泊する「**arata ワクワク サマー キャンプ**」です。

夏休み期間中の小学生たちがお年寄りと庭で遊んだり、料理したり、学び合ったり、本当に純粋に楽しいんです。子どももお年寄りも笑顔全開なんです。

子どもたちは「未来」そのものです。

「未来」たちが、辛いことも悲しいこともたくさんの経験を重ねてきたお年寄りに教わり、学ぶ。お年寄りは「居場所」と「役割」をもらう。どちらも見たことのない輝きを放つのです。60歳、70歳、もしかしたら90歳ちかく離れた交流だからこそ輝き照らし合えるのでしょう。

裏表なく、無邪気な、純粋な交流が未来の可能性を拓き、お年寄りに生きることへの希望を生み出したのです。無二の光景を見た僕ら介護士も輝いていたと思います。輝いているお年寄りと触れ合った子どもたちは、介護業界のイメージが明るく、ポジティブになっているはずです。

未来の介護は明るい。未来のプロを僕は信じています。

多ジャンルのプロとのコラボレーションについて紹介してきました。どれも一人では、単独の職種、業界では見出せなかった可能性が生み出されていましたよね。

ここに挙げた他にも、建築のプロ、デザインのプロ、料理のプロ、リトミックダンスのプロ、育児のプロ、地域活性化のプロ、合唱のプロなど多彩なプロたちと互いの可能性を拓き合ってきました。

その度にスキルアップ、レベルアップできた気がします。

なぜできたのか。

それは介護3・0の本質、目的、ビジョンである「目の前のお年寄りを輝かせて、自分も輝く」を共有できていたから。その目的に向けて手段を決め、その道のプロとスキルを共有し合えたから可能性を広げられたのです。

プロとプロが時にその枠を超えて交じり合う、グラデーションのような空間が広がる場面もありました。

目の前の誰かを輝かせたい、喜ばせたい、助けたい――。

他の分野同士だからこそ違う世界を拓けた。可能性を広げられた。

新たな可能性を見つけたプロはまた別の誰かを輝かせる。そのプロ自身も自信を持ち、誇りを持ち、輝く。輝く人に人は集まる。

共に可能性を広げたいと思うのではないでしょうか。

「**目の前の誰かのために**」

平和、本当の幸せ、豊かさの起点・基点はここにあるのではないでしょうか。

ビジョンを共有すれば、可能性は広がる

「目の前のお年寄りを輝かせて、自分も輝く」――。

この目的を根本に本質を捉えていくと、先の項で挙げた他にもさまざまなジャンルと協同することで、新たな可能性、希望を見出すことができます。

「目の前の家族」「目の前の患者」「目の前の生徒」「目の前の住民」など対象は少し変わっても、**誰かを輝かせたいというビジョンを共有**できていることが前提です。

①介護3・0と町づくり

前述しましたが、今後、都市部からの移住者にとって、どんな介護が受けられるかが重要な決断ポイントになってきます。

町全体、自治体が介護のビジョンを宣言することが町の特長になる時代です。むしろ、すでに超高齢化社会の今、遅いくらいかもしれません。どんな理念に基づく介護かが大切です。

それが介護３・０「最期まで自分らしく生きられる町」であってほしい。老いても居場所と役割がある町に住めたら、本質的な介護が当たり前に受けられる。全体に介護３・０がなじむ町。魅力を感じませんか。

②介護３・０と企業

国が掲げる「介護離職ゼロ」。

現在、すでに企業は家族の介護を理由に貴重な人材を失い、さらにその数は増加傾向にあります。

社会問題である介護離職の対策として、「託児所」のように「託老所」が企業内に必須になってくるかもしれません。介護ロボットが福利厚生の中に入ってくるかもしれません。さまざまな対策、コンテンツが必要になった時に、そのサービスが社員のニーズに即していなければ意味がありません。

その時に必要になるのがソフトです。「介護3・0×国」も必至と信じていますが、瞬発力に優れた「介護3・0×企業」で取り組めば、社会問題を解決する新たな方法、チャレンジを生み出せるかもしれません。

③介護3・0と介護事業所

「新」で実証済みです。

「お世話をする介護」からその人を「元気にする、人生を輝かせる介護」へ。介護自体の捉え方を180度変革していくことでお年寄りも職員も輝く事業所へ。

確実に経営効率は上がります。ビジョンが明確なので〝人財〟も集まってきます。求人効率にも効果は絶大です。なぜなら「新」で実証済みだからです。

④介護3・0と人財育成

目の前の人を輝かせたいと願い、その人の生活、命に向き合う介護3・0の理念と捉え方は、教育や企業の人材教育などの分野においても必ず生かせるはずです。

あくまでも「人と人」の間で力を発揮する、機能する理念だからです。

介護3.0
展開イメージ
介護3.0
ソフト
❶町づくり
❷企 業
❸介護事業所
❹人財
❺高齢者家族
❻応援者
❼グローバル

⑤介護3・0と高齢者のいる家族

自分も、あなたも、皆さんも必ず高齢者になります。その時、どんな介護を受けたいですか、環境にいたいですか。

家族が家族に、家族が施設に頭を下げてお願いする介護でいいですか。

本人、家族が受けたい介護を選べる社会にしていきたくないですか。事実、今も介護は選べるはずです。

まずは介護3・0を知っていただきたいです。介護に関心を持ってほしいです。介護代行はシステム、財政、人員的にもひっ迫状態です。目の前の家族に伴走すべく、今から関心を持って、選択肢を増やしてみませんか。

⑥介護3・0と応援者

僕と同じく本質的な介護を実践する人や介護業界の変革、未来を信じて戦っている人たち。全国にいるであろう伴走者、コラボレーター、応援してくださる人たちと今まで誰も見たことのない、想像できない、枠にはまらないサービスやコンテンツは作れると思います。

⑦介護3・0とグローバル

介護先進国の一つと言われる日本。知識、教育はもちろんホスピタリティ（おもてなしの精神）あふれる介助姿勢は、介護後進国、途上国に輸出できる日本の資源になり得ると思います。その時、日本の介護のスタンダードが「介護3・0」でなければいけないと思っています。

本質に国境、人種、言語は関係ありません。だから本質なのです。

ネガティブイメージの宝庫だった「介護」が可能性に満ちあふれていますよね。捉え方次第でネガティブは課題になり、ポジティブに変換できる。

または、そもそもネガティブではなかったということもあります。

全ては「捉え方」から始まる

本書で何度も何度も書いてきた、介護3・0の最重要キーワード「捉え方」。

できること、できないこと。

問題、個性。

ネガティブ、ポジティブ。


介護士や家族が目の前のお年寄りの何処をどう捉えるかで、ケアの方向性が決まり、生活が180度変わってしまいます。すなわち、**「捉える」ことから全てが始まる**ということです。

そして、第一歩をどこから踏み出すかは自由で、自分自身に委ねられています。

そう、自分次第なのです。

目の前のお年寄りから目をそらし、そのお年寄りのシグナルや個性よりも業務、効率、人間関係ばかりを気にして、この仕事は辛い、大変、キツい、でも我慢するしかないと思って毎日臨むのか。

「人生の終着駅に向かっているお年寄りを最後にもう一度、自分らしく輝かせるプロになる」と、今できることを探して、可能性に目を向ける。

問題を個性と捉え、世界観を共有して、元気になっていくことを共に喜び、誇りとやりがいを持って臨む毎日なのか。

全ては「誰か」ではなく、「あなた次第」なのです。

そして、「捉え方」で介護業界は必ず変えられます。

一人でも多くの人にこの捉え方を知ってもらい、共感してもらえれば、介護のイメージは必ず変わります。

今から、**今現場にいる僕たちが絶対に変えていかなくてはいけない**と思います。

僕が変えたいのは制度や法律ではありません。

介護のプロの在り方であり、仕事の捉え方です。

自分と目の前の人から始まる

介護3・0の理論、捉え方は、介護の枠を超えて、ほぼ全ての業界、業種、立場、年代で生かせます。

自分らしく生きるために。

自分の居場所を持って生きるために。

心豊かに暮らすために。

目の前のコト、モノ、ヒトを周囲の視線や意見に振り回されず、自分自身でどう捉えるかが大切なのです。

自分らしさを発揮できるのも、居場所を持つことができるのも、心を豊かにできるのも、必ず対象、相手が必要です。一人ではできないことなのです。

まずは自分が**相手の個性、居場所、心をクリアな視点でポジティブに捉える**ことができれば、目の前に広がる世界は必ず変わります。

僕は、介護3・0、捉え方から得た自分の本質、ビジョンさえブレなければ、世界を変えられると思っています。

全ては自分の足元から、目の前にいる人から始まっているのですから。

10人、50人、100人、1000人と徐々に人を輝かせて、自分を磨きながら実践者や応援者を増やし、1キロ先、10キロ先、100キロ先と輝く地域を広げて国境を超えて行けばいいんです。

さらにスケールの拡張を目指す際、一人、単独の業界だけのスキルでは難しい場合もあります。

その時に他業界、異業種とのスキルの共有が必要になります。それには、**スキルを共有し合うためのビジョンの共有**が必須になります。

そして、そこでも捉え方が重要です。

相手のスペック、長所を捉えて、共有し合いたいと思ったら、自分の持っているスペック、長所をアピールして合意が得られたら実際に共有し合う。

これが本当の「g·ive& g·ive」です。

無数の可能性が生まれる

始めから相手の短所や持っていないものを捉えてしまったら何も生み出せません。自分の長所も見てもらえないかもしれません。同様に自分の短所や持っていないものばかりを捉えていたら、何も始まりません。
捉え方を変えるだけで世界は無限に広がり、無数の可能性が生まれます。

もう一度言います。
捉え方で世界は変えられます。
踏み出すか、とどまるかは自分次第です。

僕は、これからも挑み続けます。
介護の未来を輝かせるために。
世界を変えます。

介護3.0が目指すもの

お年寄り

＋

・生活
・個性
・個人
・目標設定
・その人らしさ
・長所
・自由
・行動
・希望

＋

・実践方法
・個人＆組織
・ハード＆ソフト

＝

－

・治療
・病気
・認知症
・集団
・管理
・制限
・問題
・対策
・諦め

＝

介護の仕事のスタンダードへ

・魅力的な仕事・求人採用数増

おわりに　―僕たちが創る未来―

僕は今、本気で介護業界を変えたいと思っています。制度や法律を変えたいわけではない。僕が変えたいのは、介護という仕事の在り方――。

誰のため？

そりゃもちろん、もう夢を諦める方が面倒くさくなっている自分のため。そして、「新」で必死に戦ってくれている職員のためです。

日々お年寄りと正面から向き合っている、まだ見ぬ全国の介護職の仲間に勇気を与えたい。志の高い人が施設を作るときの手助けをしたい。介護に魅力を感じて「**介護やりてぇー**」って思う人を増やしたい。「**これが、僕たちの仕事だー**」と胸を張って大きな声で叫びたい。

たいした学校を出ていなくたって、頭が良くなくたって、毎日Tシャツ、ジーパン、スニーカーで仕事していたって、自分のやりたいことを必死で考え行動して、ブレない心と楽しむ気持ちを身にまとえば、世界は変えられることを証明したいんです。

これから僕は、この本をひっさげて**介護クリエーター**として起業します。介護クリエーターとしては無名中の無名。でも、本質的な介護のソフト「介護３・０」には自信しかない。たくさんのお年寄りと仲間と作り上げてきたモノだから……大丈夫。

僕は子どもの頃からずっと圧倒的に人に恵まれています。

ここまで来られたのは１００％周りの人のおかげです。フリーになると決めた今も、たくさんの人が応援してくれています。皆、自分軸で「行動」してくれている。伴走してくれる人がいる。

僕は、その人たちが信じてくれた**「可能性」を必ず証明する未来を創ります**。

そう思えば、つまずいた日も、高い壁にぶち当たった日も、ボロボロになった日もヘッチャラだ。余裕で乗り越えられる。本当に感謝しかありません。

だから、介護の枠を飛び越えた仲間たちとｇｉｖｅ＆ｇｉｖｅで、いや、「与え合いっこ」で皆がハッピーになるような、ワクワクするモノを一緒に作っていこうと思う。

それが、介護クリエーターの仕事です。

僕には本当に介護しかない。それ以外に興味がないのかもしれない。周りの人は皆知っていますが、僕から介護を取ったらただのポンコツだ。野菜が食べられないし、人見知りだし、一人では何もできない。

だから、僕は自分の介護感だけをひたすら磨いてきました。磨いて試して汚れて、また磨いてを繰り返してきました。隣の芝生は見ない。何色だって別にいい。自分のやりたい介護という畑だけをただひたすら耕してきたのです。

だからこそ、さまざまなプロフェッショナルと繋がって、自分では想像できないようなことができる。

自分の武器を見つけてひたすら磨く。そのために必要なことは「**目の前のことに好奇心を持ってポジティブに捉える**」こと。そう、捉え方で目の前の世界は変わります。

最後に、介護の仕事をしている人たちに伝えたいことは、この仕事を志した頃の初心、キラキラした気持ちをもう一度思い出してほしいのです。

何でこの仕事をやっているのかを忘れてしまったら、介護は本当に重労働でしかない。だから「理由」を常に持っていてほしい。

その**「理由」こそが「本質」**なのだから――。

本質とはとてもシンプルで行きつく先は一緒です。重要なのは「何処をどれだけ掘ってそこにたどり着いたか」です。シンプルだけど途中で諦めたら絶対に見えない。だからやりきるしかない。

そして、僕が見つけた介護の本質は「目の前の人のその人らしさを見つけて、自分が今その人にできることを全力でやる」こと。目の前のお年寄り、目の前の患者、目の前の生徒、目の前の仲間、目の前の恋人、目の前の家族。全ての目の前の大切な人に通ずる本質だと思います。だからたくさんの人に知ってほしい。

終わりに、この本を手に取って読んで何かを感じとってくれて本当にありがとうございます。この本に僕の全てを注ぎ込みました。

でも、あなたがこの本を読み終わっている頃、僕はもっともっとワクワクしながらチャレンジし続ける**「介護Lifework」**の日々を送っているはずです。

「新」をオープンした頃、篠崎一弘さんと誓った「誰も見たことのない景色を見よう」を胸に刻み、より広い世界のより壮大な景色を見に行こうと思います。その景色を目の前にした時、ガッツポーズする笑顔は多い方がいい。ハイタッチする手は多い方がいいに決まっている。だから**僕は、介護のスタンダードを変えます。**

最後の最後にひと言だけ。

介護3・0は僕の経験と実践から得た理念。でも、本は、僕だけじゃなくて3人で作りました。

執筆を手伝ってくれた青柳厚子さん。2019年、僕が初めて新聞に載った時の記事を書いてくれた記者さんです。「しもつかれブランド会議」というコミュニティーで知り合い、ずっと僕を応援してくれています。

そして、僕の介護のスタンダードを変えたいという思いを一番近くで楽しそうに笑顔でたくさん聴いてくれました。「いつか横木さんが本を出す時は、私がお手伝いしたい」という夢、自分軸で捉えてくれたことが本当にうれしかった。

もう一人。デザインとブランディングをしてくれた青柳徹さん。介護3・0の名づけ親で僕の最高の伴走者です。

僕は青柳さんと約3年前に出会ったその日に「**本質的な介護を広めたい**」と伝えま

した。すると青柳さんは、「絶対世界に広められますよ」と言ってくれました。さらに僕が、「本を出したいです」と半分本気、半分冗談で言うと、青柳さんは真っすぐな眼差しで「そのビジョンを叶えるために一緒にやりましょう」と答えてくれたのです。そして、本当に僕の介護の本質をカタチにした『介護３・０』を出版できました。

僕は、自信を持って皆さんに「**世界は変えられる**」と言いたい。

田舎の現場介護士がブレずに本質を磨いて最高の伴走者と出会って、一緒に走り続ければ必ず思いはカタチになる。夢は叶う。

僕はそれを３人で実証できたことがうれしくて仕方がありません。ホントにありがとうございます。でも面と向かってお礼を言うのはもっともっと先になりそうですね。

まだ、僕たちは道の途中だから――。

２０２１年４月　　介護クリエーター　横木 淳平

横木 淳平
（よこき じゅんぺい）

介護クリエーター。栃木県下野市・「株式会社 STAY GOLD company」代表取締役。1983 年茨城県生まれ。栃木県小山市の中央福祉医療専門学校を卒業後、2003 年茨城県の老人保健施設に就職。2007 年、25 歳で介護長に就任。2015 年、小山市の社会福祉法人丹緑会が母体の介護付有料老人ホーム「新」の立ち上げから携わり、施設長に就任。「その人らしい生活」「施設への出入り自由」など本質的捉え方を軸にした独自の介護論などを実践してきた。2019 年 4 月、「介護 3.0」と命名。2021 年起業し、現職。介護アドバイザー、コンサルタント、全国各地での講演会、セミナー、SNS での発信などを展開し、業界革新に挑んでいる。
介護のニュースタンダード「介護 3.0」URL: http://kaigo3.net/

装　　丁　　青柳 徹
本文デザイン & DTP　亀井英子
編集協力　　青柳厚子
　　　　　　青柳 徹
写　　真　　境野 典
校　　正　　小川かつ子

介護 3.0

発行日　2021年5月5日　第1刷発行

著　者　横木淳平
発行者　清田名人
発行所　株式会社内外出版社
〒110-8578
東京都台東区東上野2-1-11
電話 03-5830-0368（企画販売局）
電話 03-5830-0237（編集部）
https://www.naigai-p.co.jp/
印刷・製本　中央精版印刷株式会社

ISBN 978-4-86257-552-4　C0095